원행 스님의 당부

원행 스님의

원행 지음 – 자현 정리

불광출판사

머리말

우리 모두 원력보살이 되어
불국토를 이룩합시다

원력이 있는 삶은 아름답습니다. 저는 대승불교의 보살도에서 말하는, 사회를 밝히는 참된 실천의 이치를 은사이신 태공 월주 대선사님께 배웠습니다. 당신께서야말로 진정한 선각자요, 자비의 실천보살이셨습니다.

노력하지 않으면 세상은 변하지 않으며, 치열한 실천이 없는 삶은 활발발하게 깨어 있는 인생이 아닙니다. 만일 부처님께서 보리수 아래에서 깨달음을 얻으시고 중생 구제라는 위대한 발걸음을 내딛지 않으셨다면 오늘날 행복과 가피의 종교인 불교는 존재하지 않았을 것입니다.

불교는 인류 문명사를 흐르는 도도한 정신문화의 유산입니다. 그러나 탈종교화로 인해 종교 인구가 줄어드는 현실 속에서 한국불교도 많은 어려움에 봉착해 있습니다. 불교는 신앙을 바탕으로 하되 그 본령은 수행과 명상에 있습니다. 이는 자기 계발과 명상문화가 꽃피는 오늘날, 불교가 재차 웅비의 날개를 펼칠 수 있음을 의미합니다.

우리 모두 관세음보살님께서 아미타불을 모시고 자비의 실천을 구현하시는 것처럼, 부처님과 보살님 그리고 조사님을 본받아 함께 동사섭(同事攝)하며 수행해야 하겠습니다. 탈종교화가 가속되더라도 우리 모두 치열한 원력보살이 되면 문제는 존재할 수 없습니다. 우공이산(愚公移山)의 고사처럼 원력을 가지고 노력하는 이는 그 무엇도 막아낼 수 있기 때문입니다.

저는 중앙승가대학교 총장을 하며 처음 발심한 학인스님들의 노력하는 모습 속에서 실로 많은 것을 배웠습니다. 학인이야말로 가장 낮은 곳에 위치하는 진정한 선지식이 아닌가 합니다.

또 중앙종회의장을 하면서 대중스님들을 모시는 화합과 존중의 가치를 배웠습니다. 부처님께서 강조하신 화합 승가의 실천은 스스로를 드러내지 않는 낮음 속에 고이는 후덕함이기 때문입니다.

그리고 제36대 총무원장이 되어서는 백만원력 결집불사를 통해 한국불교의 발전과 세계화를 위한 원력의 구현에 매진했습니다. 불보살님께서도 가피를 주셔서 인도 부다가야에 분황사를 낙성하는 등 계획한 모든 불사를 순조롭게 이룩할 수 있었습니다. 앞으로 더욱 노력하는 원력의 삶을 이루어 부처님의 은혜에 보답하고, 저 자신도 부끄러움이 없는 승려가 되도록 언제나 최선의 노력을 다하겠습니다.

우리 모두 불보살님의 그늘 속에서 청량함을 이루고, 모두 다 함께 불국토가 되는 세상을 만들도록 노력해야 하겠습니다.

부처님께 한결같은 예를 올리며,
제36대 총무원장 벽산 원행 稽首和南
圓行

차례

원행 스님의 출가본사로서 교구장을 역임하신
김제 모악산 금산사

- 이 장에 수록된 글은 원행 스님이 총무원장 재임 동안 하신 대중 연설 등에서 발췌한 내용입니다.

사부대중과

함께한

4년의 행적

聞我名者免三道(문아명자면삼도)
見我形者得解脫(견아형자득해탈)

내 이름을 듣는 사람들,
또 나를 직접 보는 사람들
모두 다 삼도를 면하고
해탈을 이루어지이다.

_나옹 선사

2018년 9월, 대한불교조계종
제36대 총무원장에 당선된
원행 스님은 11월 취임법회를
갖고 본격적인 행보에 나섰다.

소납은 대한불교조계종 총무원장으로
여러분의 선택을 받았습니다.
그러나 당선의 기쁨보다는
우리 종단과 불교계의 엄중한 현실에
무거운 책임감을 느낍니다.

다시 시작해야 합니다.
다시 일어서야 합니다.
새로운 불교의 모습을 제시해야 합니다.

오로지 사부대중만을 믿고, 사부대중과 함께
안정과 화합 그리고 위상 제고를 위한
원력을 만들어 가겠습니다.

– 대한불교조계종 제36대 총무원장 당선 소감 중

대한불교조계종 제36대 총무원장 원행 스님 취임법회(2018. 11. 13. 서울 조계사)

대한불교조계종
제36대 총무원장 원행스님 취임법회

2018 외국인 근로자 문화축제 – 어울림 한마당(2018. 10. 21, 경북 구미 금오산 잔디광장)

제11회 이주민과 함께하는 어울림 한마당(2019. 9. 22, 서울 동대부고 체육관)

멀리 타국으로 넘어와 우리
사회의 일원이 된 이주민들을
격려하고 위로한 시간.

사람은 날 때부터 차별이 있는 것이 아니라
삶 가운데 어떻게 행동하느냐로 판가름합니다.

어디서 태어났는지보다
얼마나 열심히 사는지가 중요합니다.

모든 사람이 나와 다름없이 평등합니다.

- 2018 외국인 근로자 문화축제-어울림 한마당 치사 중(2018. 10. 21)

2018년, 오랫동안 유·무형의 불교문화를
간직해 온 일곱 개 산사(통도사, 부석사, 봉정사,
법주사, 마곡사, 선암사, 대흥사)가
유네스코 세계문화유산에 등재되었다.
이어 2020년에는 유네스코 인류무형문화유산에
연등회가 등재되는 쾌거를 이루었다.

세계유산으로 선정된 일곱 산사는 한반도에 불교가 전래된 이래
고유의 승원문화를 온전히 간직하고 있습니다.

한국 전통사찰의 고유한 특성을 대표하며, 지금도 종교와 수행,
생활의 기능이 활발히 이루어지고 있는 살아 있는 유산입니다.

한국불교사, 나아가 한국사의 전 과정을 유·무형으로 간직한 공
간의 문화적 가치는 이제 세계적인 것이 되었습니다.

- '산사, 한국의 산지 승원' 세계유산 등재기념식 인사말 중(2018. 11. 27)

'산사, 한국의 산지 승원' 세계유산 등재기념식(2018. 11. 27, 그랜드힐튼 호텔)

연등회 인류무형문화유산 등재(2020. 12. 16, 국립고궁박물관), 정재숙 문화재청장과 함께

군승 파송의 역사가 2018년
들어 50주년을 맞았다. 군승은
육·해·공군 400여 군법당에서
불법을 전하고 있다.

세상 만물이 서로 의지하며 존재하고 있다는
상의상관(相依相關)의 부처님 진리 안에서
'너'와 '나'는 따로 있지 않습니다.

전래 초기부터 나라와 민족을 위하는 일에 앞장선
우리 불교사의 큰스님들을 떠올려 봅니다.

신라 원광 법사의 임전무퇴(臨戰無退) 정신, 그리고
임진·정유, 양란으로 말미암은 누란의 위기 속에서
의승군과 함께 나라와 민족을 구한 서산대사와
사명·처영 스님의 호국정신을 깊이 새겨야 합니다.

- 군승 파송 50주년 군승의 날 기념법회 치사 중(2018. 11. 30)

군승 파송 50주년 군승의 날 기념법회(2018.11.30, 서울 조계사)

임진왜란 이후 포로 송환 협상을
위하여 사명대사가 일본에 건너갔을 때
교토에 머물며 남긴 유묵이 2019년
10월 국립중앙박물관에 전시되었다.
전쟁 이후 평화를 이끌어 백성을 구하는
동시에, 구도자로서의 본분을 잊지 않은
사명대사의 뜻을 기렸다.

일본 교토 고쇼지 소장 사명대사 유묵 특별 공개전 개막식(2019. 10. 15, 국립중앙박물관).
좌측부터 배기동 국립중앙박물관장, 모치즈키 고사이 고쇼지 주지스님,
총무원장 원행 스님, 이원욱 국회 정각회장

대한불교조계종 총무원장 원행 스님 십선계 수계대법회(2020. 1. 11, 논산 호국 연무사)

대한불교조계종 중앙종무기관 및 산하기관 종무원 워크숍(2018. 12. 13~14, 양양 낙산사).
낙산사 해수관세음보살상 앞에서

過去心 不可得(과거심 불가득)

現在心 不可得(현재심 불가득)

未來心 不可得(미래심 불가득)

과거의 마음은 물론

현재의 마음도

미래의 마음도 얻을 수 없다.

_『금강경』

지나간 마음에 점을 찍을 수 없듯

안정된 상황에 머무르지 말아야 합니다.

시간은 기다려 주지 않고

세월 또한 우리의 삶을 기다려 주지 않습니다.

- 대한불교조계종 중앙종무기관 및 산하기관 종무식 송년사 중(2018. 12. 28)

대한불교조계종 제36대 총무원장 원행 스님 취임 1주년 기념식
(2019. 10. 7, 한국불교역사문화기념관 전통문화예술공연장)

총무원장 원행 스님 취임 1주년 기념 짜장면 나눔 공양(2019. 10. 7, 종로노인종합복지관)

人是福田(인시복전)

能生一切善法故(능생일체선법고)

사람이 행복의 터전이다.

평화와 행복이 그로부터 생기기 때문이다.

_『화엄경』

세상의 안락과 행복을 위해 모든 이웃을

부처님과 같이 섬겨야 합니다.

각자의 다름을 인정하고 갈등과 논쟁을 넘어서는

대화합의 정신을 실현해야만 합니다.

- BTN 붓다회 포럼 치사 중(2018. 11. 26)

이웃의 따뜻함을 전하는 연탄 나눔(2018. 12. 20. 서울 홍제동 개미마을)

'남북공동선언 이행을 위한
2019 새해맞이 연대모임'에서
원행 스님은 금강산 신계사를
방문하였다.

동쪽 먼바다에서 해가 떠오르니, 이 땅의 새 역사가 시작되고 환한 붉은 해의 기운이 우리 민족의 기상을 용솟음치게 합니다. 오늘도 어김없이 태양이 떠올랐습니다.

지금으로부터 100년 전, 일본 제국주의의 침략과 강점, 압제의 어둠 속에서 조선이 독립국이고 조선 민중이 자주민임을 선언한 기미년 3월 1일에도 이렇듯 붉은 해가 떠올랐을 것입니다.
100년 전 시작된 3.1운동은 이제 종전 선언과 한반도 평화 정착, 남북통일로 귀결되어야 합니다. 이제 우리는 끊임없이 만나야 합니다. 멈추지 않고 소통해야 합니다. 소통은 서로의 입장을 이해하고 받아들이는 것에서부터 시작됩니다. 세상의 모든 존재는 소중하고 평등한 주인공들입니다. 분별하여 편을 가르려고 하기보다는 같음을 기뻐하고 다름을 존중하는 지혜가 있어야 합니다.

남북공동선언 이행을 위한 2019 새해맞이 연대모임.
북한 조선불교연맹 강수린 중앙위원장과 함께(2019. 2. 13, 금강산 신계사)

한 걸음씩 앞으로 나갑시다.

차이와 다름은 구체적인 실천으로 해소될 수 있습니다. 아주 작은 일부터 함께 어깨 걸고 실천의 발걸음을 힘차게 내딛어야 합니다. 이제 분단의 역사를 마무리하고 새로운 통일과 화합의 역사를 열어 나가야 하겠습니다.

- '남북공동선언 이행을 위한 2019 새해맞이 연대모임' 대표 연설 중(2019. 2. 13)

신계사 템플스테이관 자리를 살펴보고 있는 남북 대표단.
앞줄 왼쪽부터 범해 스님, 진화 스님, 강수린 중앙위원장, 원행 스님,
신계사 주지 진각 스님, 덕조 스님

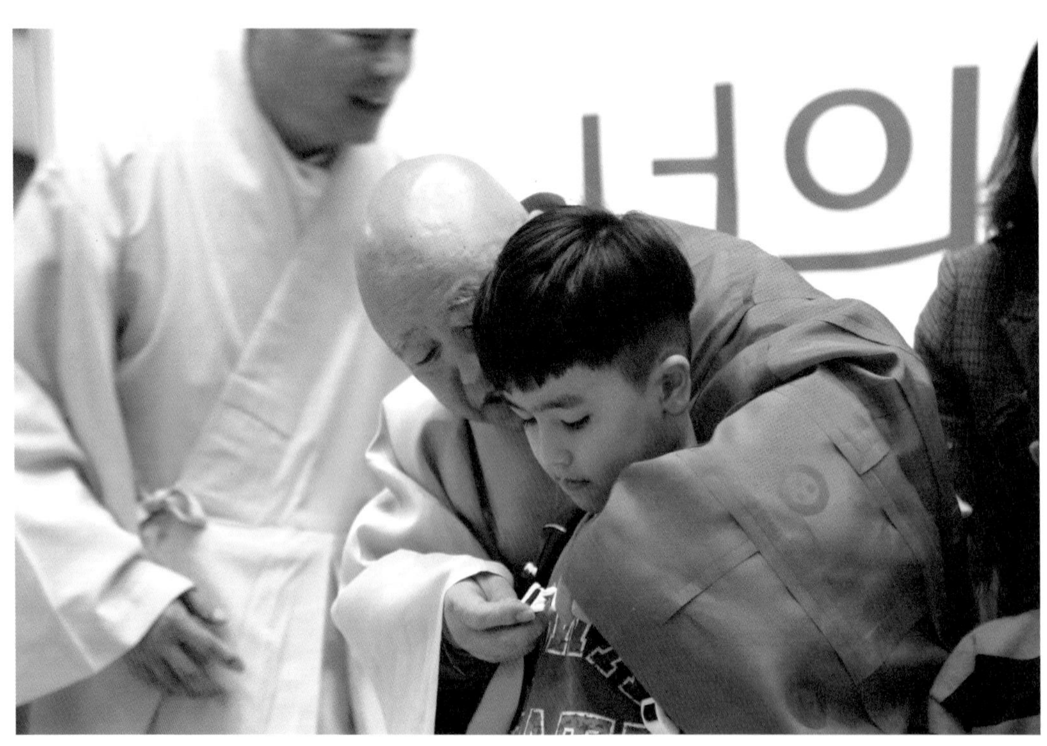

예비 초등학생 책가방 보내기 - "너의 입학을 축하해"(2019. 2. 19, 한국불교역사문화기념관)

一微塵中含十方(일미진중함시방)

한 낱의 티끌 속에 시방세계가 들어 있다.

_『화엄경』

작은 존재와 생명을 귀중히 여기고 아끼면
세상을 맑고 향기롭게 만들어 갈 수 있습니다.

- '공장식 축산과 대량 살처분 악순환 구제의 운동' 치사 중(2018.10.24)

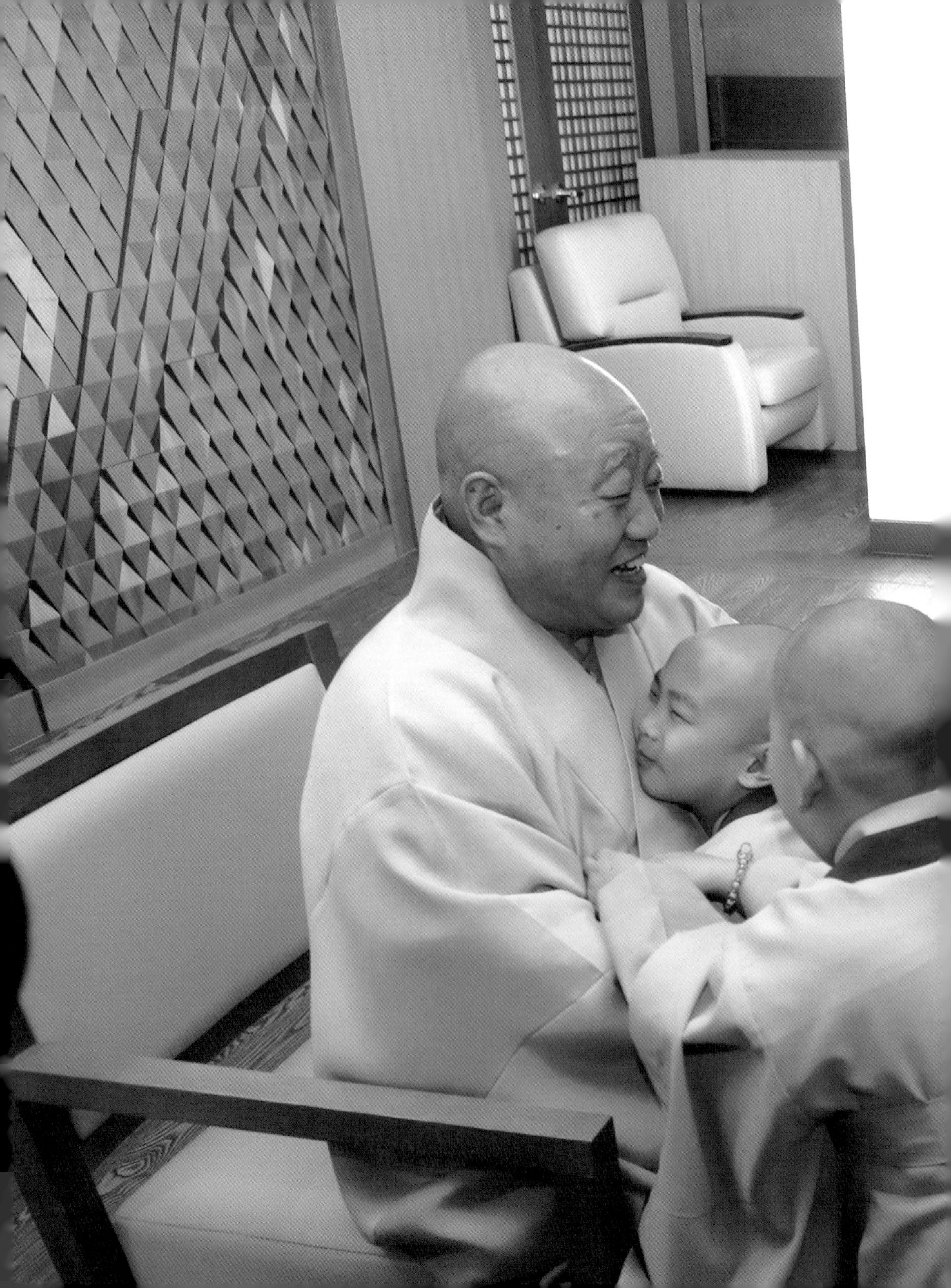

서울 조계사 동자승 예방(2019. 4. 25, 한국불교역사문화기념관)

2019년, 3.1운동 100주년을 맞아 종교계 및
시민단체가 삼일절 범국민대회를 개최했다.
그에 앞선 2월 18일에는 문재인 대통령과
종교지도자들이 만나 관련 간담회를 가졌다.

지금 이 순간은 100년 전 그날이었을 수도 있습니다. 100년 전의 오늘도 선각자들에게는 조선 사람이 자주민이고 조선이 독립국임을 세상에 알리고자 하는 일념으로 함께한 수많은 토론과 번뇌의 시간들 중의 하나였을 것입니다.

가슴이 벅차오릅니다. 1919년 기미년의 겨울을 그렇게 보내고, 다가올 3월 1일 목청껏 '대한독립 만세'를 외칠 수 있다는 설렘에 잠 못 이루었을 선열들을 생각하니 차오르는 감동을 누를 길이 없습니다.

3.1운동은 단지 조선의 자주와 독립만을 염원한 것이 아니었습니다. 뭇 생명의 자주와 독립을 밝히는 선언이었고, 온 세상의 평화와 번영에 대한 기원이었습니다. 낡고 오래된 체제와 관습을 버리고 새로운 세상을 열린 마음으로 맞이해야 한다는 깨달음의 사자후였습니다.

– '3.1운동 100주년 범국민대회' 출범 기자회견 축사 중(2019. 1. 29)

3.1운동 100주년 종교지도자 간담회(2019. 2. 18, 청와대).
왼쪽 세 번째부터 민족종교협의회 박우균 회장, 한국기독교교회협의회 총무 이홍정 목사,
대한불교조계종 총무원장 원행 스님, 문재인 대통령, 김영근 성균관장,
천주교 광주대교구장 김희중 대주교, 이정희 천도교 교령, 오도철 원불교 교정원장

한국불교종단협의회 3.1운동 100주년 기념법회(2019. 3. 1, 서울 조계사)

한국종교지도자협의회 이웃종교 체험 성지 순례(2019.3.5~13, 네팔·인도).
왼쪽부터 이우성 문화체육관광부 종무실장, 오도철 원불교 교정원장,
천주교 광주대교구장 김희중 대주교, 대한불교조계종 총무원장 원행 스님

한국종교지도자협의회 이웃종교 체험 성지 순례(2020. 2. 12~21, 스페인·포르투갈).
천주교 광주대교구장 김희중 대주교와 함께

世界一花 萬生一家(세계일화 만생일가)

이 세상은 한 송이의 꽃이며
모든 생명은 나의 가족과 같다.

_만공 선사

일상 속에서 바르게 자비를 실천하여
이웃과 함께 복과 덕을 나눕시다.
정법과 정의는 위대하며 영원하다는 것을 잊지 말고,
지금의 인연과 자신의 본분을 소중히 하여
부단히 정진해야 합니다.

부처님께서는 모든 것이 서로 연계되어 있는
인연의 조건 속에서 변화한다고 하셨습니다.
오늘의 삶은 어제의 원력을 통한 행동의 결과입니다.
이것이야말로 항상 깨어 있는 삶을 살아야 하는 이유입니다.

- 2019년 신년사 중

강원도 산불 재난 지역 격려 방문(2019. 4. 12, 강원 속초 장천마을)

이웃의 따뜻함을 전하는 연탄 나눔(2019. 12. 12, 서울 상계동 양지마을)

대한불
佛子行道已
諸法從本來常自寂滅相
應觀
대한불교조계종
제일렌탈

대한불교조계종 백만원력결집 선포식(2019. 4. 17. 서울 조계사)

'백만원력 결집불사'는 불자 100만 명의
원력을 모아 우리 불교의 중흥을 위해
사업 기금을 조성하기 위한 모연이다.
백만 원력보살의 정성이 모여 인도 분황사
건립, 어려운 이웃을 위한 나눔 기금 조성
등이 원만히 진행되어 오고 있다.

온 나라에 백화가 만발한 봄날입니다.
중생은 업력(業力)으로 고해(苦海)를 살아가고, 불보살은 원력으로 지금 여기에 불국토를 장엄하십니다. 물러나지 않는 서원과 실천으로 불보살은 자신과 타인, 개인과 사회를 함께 완성시켜 나갑니다.

현재뿐만 아니라 미래에도 한국불교가 의미 있게 존재하고, 부처님의 가르침을 빛나게 하기 위해서는 이 대승보살의 원력이 가장 중요합니다. 원력보살 한 사람 한 사람은 우리 종단을 비추는 햇살입니다. 백만 명의 원력보살이 힘을 모으면 백만이 천만이 되고 우리는 찬란한 부처님 세상을 열 수 있습니다. 서원은 실천을 통해 확립되고, 실천은 서원과 함께할 때 바른 방향으로 나아가게 됩니다.

대한불교조계종
백만원력결집 선포식

저는 하나의 길을 확신합니다. 그것은 우리 스스로가 대승 원력 보살이 되는 것입니다. 나 자신이 불교가 되고, 나 자신이 희망이 되는 것입니다. 원력보살행은 우리의 삶을 건강하게 하고 세상을 평화롭게 합니다. 한 방울의 물이 모여 강을 이루고 마침내 큰 바다가 되듯이, 우리 불자 한 명 한 명의 원력이 백만으로 모이면 모든 어려움을 능히 극복하고 불일(佛日)을 만고에 빛나게 할 것입니다.

우리들의 후손들에게 떳떳하고 당당한 조국을 물려주어 인류 평화에 지대한 역할을 할 수 있는 정토세계를 세웁시다.

- 대한불교조계종 백만원력결집 선포식 대회사 중(2019.4.17)

대한불교조계종 백만원력결집 선포식에서 범해 스님과 함께

전법 선언으로 말미암아 부처님과 그 제자들은 한없이 자신을 낮추며 사람들을 고통에서 건너게 해 주는 다리가 되었습니다.

조주선사는 작고 허름한 돌다리라 하더라도 마음으로 보는 돌다리는 크고 튼튼해 모든 중생을 건너게 할 수 있다고 했습니다.

빈부와 귀천, 성별과 지위, 선인과 악인을 가리지 않고 원력이 바로 세워지면 누구나 행복하고, 평화로울 것입니다.

소납은 한국불교 원력의 다리를 놓고자 합니다. 그것은 부처님 정신을 오늘날 다시 펼치는 거룩한 불사이기 때문입니다.

- 양산 통도사 백만원력 결집불사 법회 격려사 중(2019. 12. 8)

백만원력 결집불사 법회 - 구례 화엄사(2019.10.5)

백만원력 결집불사 법회 - 대구 동화사(2019. 10. 6)

백만원력 결집불사 법회 - 평창 월정사(2019.10.11)

백만원력 결집불사 법회 - 예산 수덕사(2019.10.17)

백만원력 결집불사 법회 – 영천 은해사(2019.10.19)

백만원력 결집불사 법회 – 양산 통도사(2019.12.8)

백만원력 결집불사 법회 - 김제 금산사(2019.12.15)

원행 스님과 대한불교조계종은
우리 시대 천진불들을 위한
나눔사업에 꾸준한 관심을 갖고
난치병 어린이를 위한 기금 조성은
물론 불교아동미술큰잔치, 예비
초등학생을 위한 책가방 나눔 행사
등을 진행해 오고 있다.

어느 시인은 대추 한 알 속에 태풍 몇 개, 천둥 몇 개,
땡볕과 초승달 몇 개까지 담겼다고 노래했습니다.

대추나무가 뿌리를 내린 흙, 물, 햇빛의 역사까지 살피면
온 우주의 시공간이 대추 한 알 속에 함축됩니다.

대추 한 알 뿐이겠습니까?
모든 존재가 그 자체로
온 우주 공덕으로 화현된 결실입니다.

- 2019년 추석 명절 메시지 중

난치병 어린이를 위한 기금 전달식(2019. 8. 30, 서울 종로구건강가정·다문화가족지원센터)

불교아동미술큰잔치(2019. 10. 23, 서울 조계사)

이웃나라인 한중일 불교계는
정기적인 만남을 통해
세계평화를 위한 합심을
발원해 오고 있다.

한국과 중국, 일본은 오랜 세월 이웃으로 교류하며 희로애락을 함께했습니다. 특히 부처님의 가르침을 바탕으로 친밀하고 소중한 공감대를 형성해 왔습니다. 불교가 각 나라 정신문화의 바탕을 형성했기 때문입니다.

부처님께서는 일체 모든 중생이 나와 다르지 않다는 동체대비(同體大悲)의 사상과 모든 존재들은 서로에게 의지하며 영향을 주고받는다는 연기사상을 깨우쳐 주셨습니다. 현대사회의 보편적 가치가 된 자비와 평등, 공생과 평화의 바탕은 바로 부처님의 가르침이며, 삼국에서 꽃피운 불교문화입니다.

각국의 훌륭한 불교전통과 선지식들의 가르침 안에서 길러진 수행력을 바탕으로 나와 이웃이 행복한 세상을 만들어 가는 데 앞장서야 하겠습니다. 모든 이를 부처님으로, 온 생명을 불성을 가진 존재로 받들어 평화의 세계를 만들어 가야 하겠습니다.

- 제22차 한중일불교우호교류대회 세계 평화 기원 메시지 중(2019. 10. 30)

제10차 세계종교인평화회의(2019. 8. 19~24, 독일 린다우)에 참석한 종교지도자.
왼쪽부터 나한협 천도교 사회문화관장, 안영미 한국종교인평화회의
사무팀장, 덕조 스님, 오도철 원불교 교정원장, 천주교 광주대교구장 김희중 대주교,
대한불교조계종 총무원장 원행 스님, 한국기독교교회협의회 총무 이홍정 목사,
양덕찬 천주교 부장, 이공현 원불교 교무, 성진 스님, 김태성 한국종교인평화회의 사무총장

제39차 한일불교문화교류대회 양국 대표단 기념사진(2019. 6. 12, 일본 중앙사 본당)

제39차 한일불교문화교류대회에 참가한 원행 스님과 대표단.
좌측부터 운문 스님, 진경 스님, 인구 스님, 이암 스님, 범해 스님, 원행 스님,
덕조 스님, 현민 스님, 진관 스님, 무관 스님, 만혁 스님

제22차 한중일불교우호교류대회 각국 대표단 기념사진(2019. 10. 30, 중국 보타사 천왕전 광장)

제22차 한중일불교우호교류대회에 참가한 원행 스님과 대표단(중국 광효사).
앞줄 좌측부터 상천 스님, 지민 스님, 인구 스님, 만청 스님, 홍파 스님, 원행 스님,
명생 스님(중국불교협회 부회장, 광효사 주지), 회성 정사, 인선 정사, 길운 스님, 법현 스님

한국불교종단협의회 지도자 베트남불교 문화 교류 행사에서 양국 대표단 기념사진
(2022. 10. 18, 베트남 땀쭉사).
앞줄 왼쪽부터 각려호 스님, 인구 스님, 법명 스님,
호명 스님, 탁민광 스님(땀쭉사 주지), 홍파 스님, 원행 스님, 정문 스님, 도건 정사,
우인 정사, 도각 스님, 향운 스님, 김대현 문화체육관광부 종무실장

베트남 땀쭉사에서 주지 탁민광 스님과 함께

한국서부발전 김용균 노동자 어머니 예방(2019. 1. 28, 한국불교역사문화기념관)

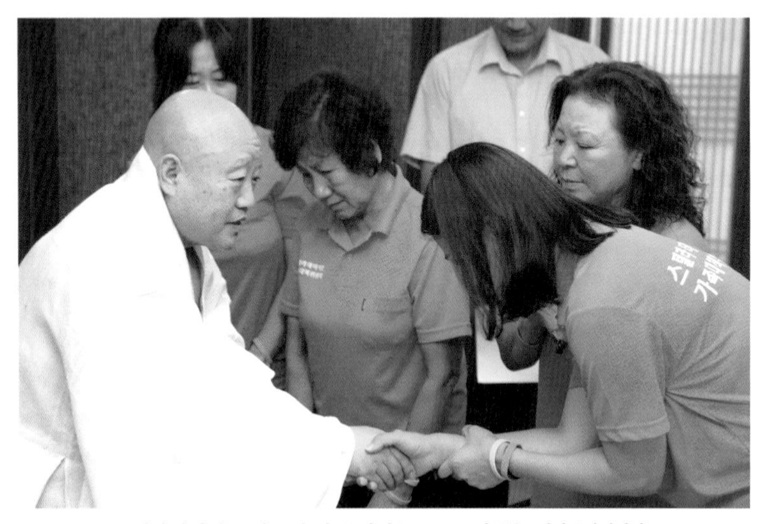

스텔라데이지호 실종자 가족 예방(2019. 9. 2, 한국불교역사문화기념관)

단절과 소통 부재의 시대입니다.
대립과 갈등의 장벽은 더욱 두터워지고
독선과 불통으로 시작된 극한 대립은 멈출 줄 모릅니다.

걸음을 잠시 멈추고 주변을 살펴야 할 때입니다.
자신을 돌아볼 시간을 가지고 있었는지
타인의 목소리에 귀 기울였는지 돌아봐야 할 때입니다.

아집과 욕심은 내려놓고
청정한 수행과 성찰을 통해
우리 모두 부처님의 자비가 현현한 시대를 만들어 갑시다.

- 2020년 신년사 중

대한불교조계종은 매해
조계종조 도의국사의
다례재를 치르며,
조사가 전한 가르침을
마음 깊이 새기고 있다.

한국 선(禪)의 근본이시자 조계종의 원천이신 종조 도의국사님 각령 전에 지극한 마음으로 분향 배례하옵니다.

조사께서 전해 주신 선법이 시우(時雨)를 만나 마침내 모두가 싹을 틔우니, 마음 땅에 숨어 있던 불성의 씨앗들은 면면히 민족의 정신사에 깊이 뿌리내렸습니다. 구산선문이 개산되고 보리의 열매 스스로 이루어지듯 수많은 명안종사들이 깨달음의 세계를 열어 갈 수 있었습니다.

조사의 무위법(無爲法)은 유익하여 다툼이 없고 고요함은 산이 서 있는 것과 같아, 가히 그 움직임은 골짜기가 울리는 듯합니다.

초조 달마대사로부터 서당 지장까지 이어지는 조사선의 핵심은 후대에 더욱 확장되어 많은 대중이 깨달음의 세계에 들어설 수 있도록 지도해 주셨습니다.

조계종조 도의국사 다례재(2019.6.4, 서울 조계사)

이렇게 명현의 지혜가 깊게 드리운 역사를 새기지 못한 채 지금 이 사회는 '비움과 상생'의 공동체를 키우는 대신 물질과 탐욕으로 점철되어 크나큰 시련을 맞이하고 있습니다. 지금이야말로 자신의 성품을 바로 닦아 진여(眞如)의 길로 나가라는 조사의 가르침을 다시 한 번 떠올릴 때가 아닌가 합니다.
초심으로 돌아가 모든 종도(宗徒)는 조사의 뜻을 마음속 깊이 새겨 조사선의 참면목을 실천하여 깨달음을 얻기를 서원해야 할 것입니다.

- 조계종조 도의국사 다례재 추모사 중(2020.6.22)

서울 봉은사 초하루법회(2019.7.3, 서울 봉은사)

성내지 않음으로써 노여움을 이기고
선으로써 악을 이기며,
서로 나누어 가짐으로써 인색함을 이기고
진실로써 거짓을 이기라 했습니다.

바닥이 얕은 개울물은 큰 소리를 내며 흐르지만,
깊은 강물은 소리 없이 흐릅니다.

우리가 발 딛고 서 있는 지금 이 자리에서부터
분별하는 마음, 탐욕과 성냄의 어리석은 마음은 없는지
되돌아봐야 할 것입니다.

- 2020 신년 기자회견 말씀 중(2020. 1. 15)

盡日尋春不見春(진일심춘불견춘)

芒鞋遍踏朧頭雲(망혜편답롱두운)

歸來偶過梅花下(귀래우과매화하)

春在枝頭已十分(춘재지두이십분)

하루 종일 봄을 찾아다녀도 봄을 보지 못한 채
짚신이 다 닳도록 언덕 위의 구름 따라다녔네.
허탕치고 돌아와 우연히 매화나무 밑을 지나는데
봄은 이미 매화 가지 위에 한껏 와 있구나.

우리 마음의 산에 나무 한 그루가 났고 그 나무에는 꽃이 피었습니다. 부처님께서 꽃을 들어 보이고 가섭존자가 웃었습니다. 염화시중(拈華示衆)의 미소입니다.

우리는 평화로운 세상, 조화롭고 정의로운 사회를 만들어 가야 합니다. 마음을 가다듬어 고요히 하고 꽃을 피우며 크게 열어야 합니다. 열린 마음으로 보면 세상 모두가 보배로운 존재입니다.

- 2019년 설 명절 메시지 중

파키스탄 국빈 방문(2019. 11. 16, 라호르박물관). 부처님 고행상 앞에서

종단은 불(佛)·법(法)·승(僧) 삼보(三寶)의 호지(護持)와 한국불교의 중흥을 위하여 "백만원력 결집불사" 원력을 세웠습니다.

100만 명이 하루 100원씩 보시하여 한국불교 중흥의 기틀을 만들자는 결사입니다.

이 일은 작지만, 그 원력이 모이면 한국불교를 변화시키는 커다란 힘이 될 것이라는 확신으로 시작된 불사입니다.

많은 사찰에서 신도님들이 십시일반 모아주신 2,000여 개의 발우저금통들을 보니 참으로 큰 책임감이 밀려옵니다.

한국불교의 중흥과 부처님의 자비와 지혜가 널리 펼쳐지기를 바라는 불자들의 마음을 확인했기 때문입니다.

저는 신도들의 정성이 모인 저금통을 보면서 한국불교의 미래가 밝다는 확신을 다시금 하게 되었습니다.

『대반열반경』에서 '보시하는 자는 공덕을 얻고, 자비심을 지닌 자는 적이 없으며, 선을 행하는 자는 악이 소멸하고, 탐욕을 떠난 자는 고뇌가 없다'라고 했습니다.

보시를 통해 자비심을 실천하는 이 시대의 진정한 보살 원력으로, 세상 모든 이들이 부처님의 가르침을 만나게 될 것입니다.

- 백만원력 결집불사 발우저금통 여는 날 및 기금 전달식 격려사 중(2019.12.2)

백만원력 결집불사 발우저금통 여는 날 및 기금 전달식(2019. 12. 2, 한국불교역사문화기념관).
왼쪽부터 종무원조합 신학녀 위원장, 교육원장 진우 스님, 포교원장 지홍 스님,
총무원장 원행 스님, 설매 보살, 연취 보살, 총무부장 금곡 스님

발우저금통에 모인 정성을 개봉한 총무원장 원행 스님.
왼쪽 포교원장 지홍 스님, 오른쪽 설매 보살

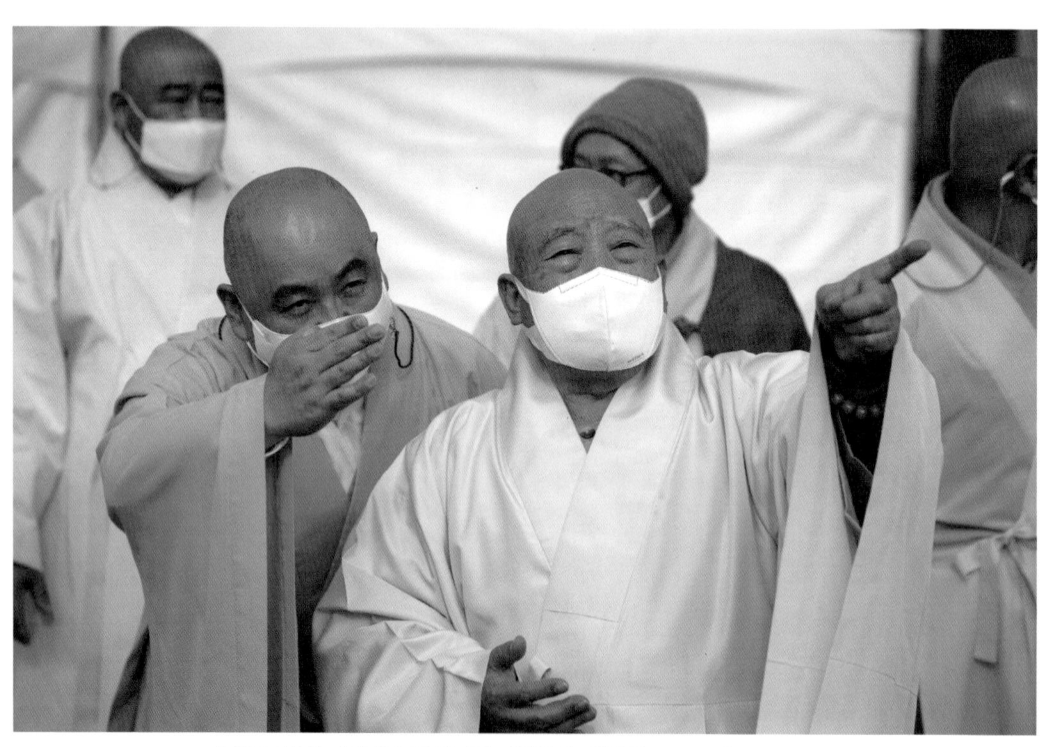

육해공군본부 계룡대 호국 홍제사 건립불사 기공식(2020.11.24)

호국 홍제사 조감도를 살피고 있는 원행 스님

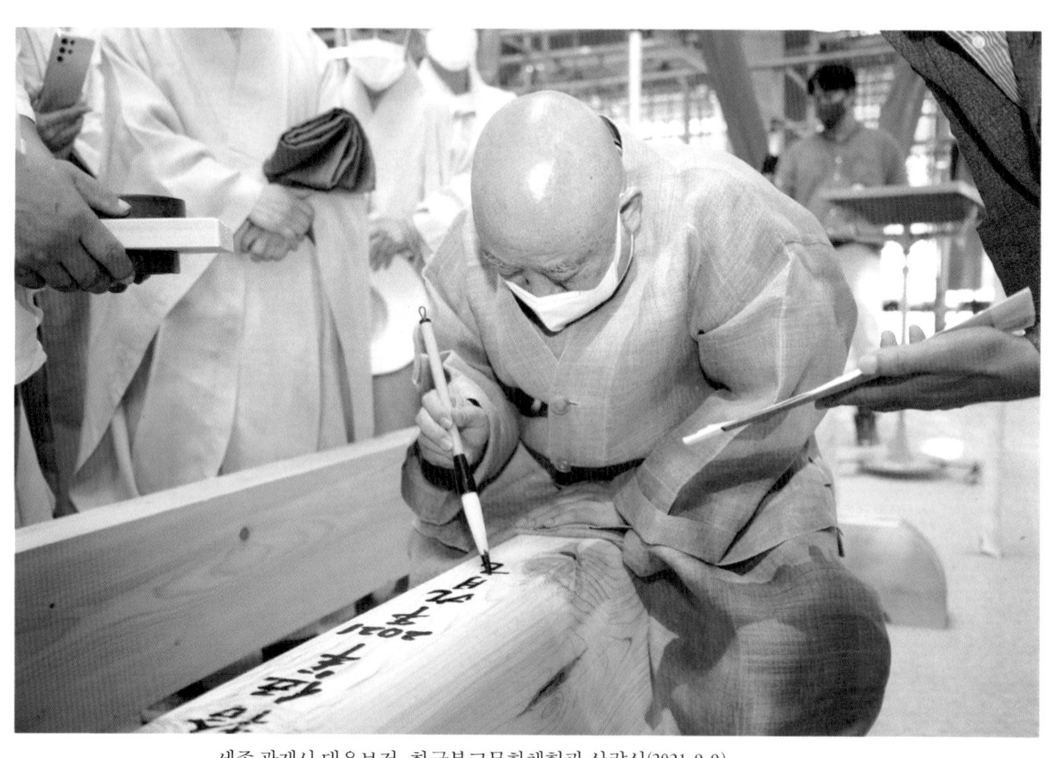

세종 광제사 대웅보전·한국불교문화체험관 상량식(2021. 9. 9).
대웅보전 대들보에 연기문을 적고 있는 원행 스님

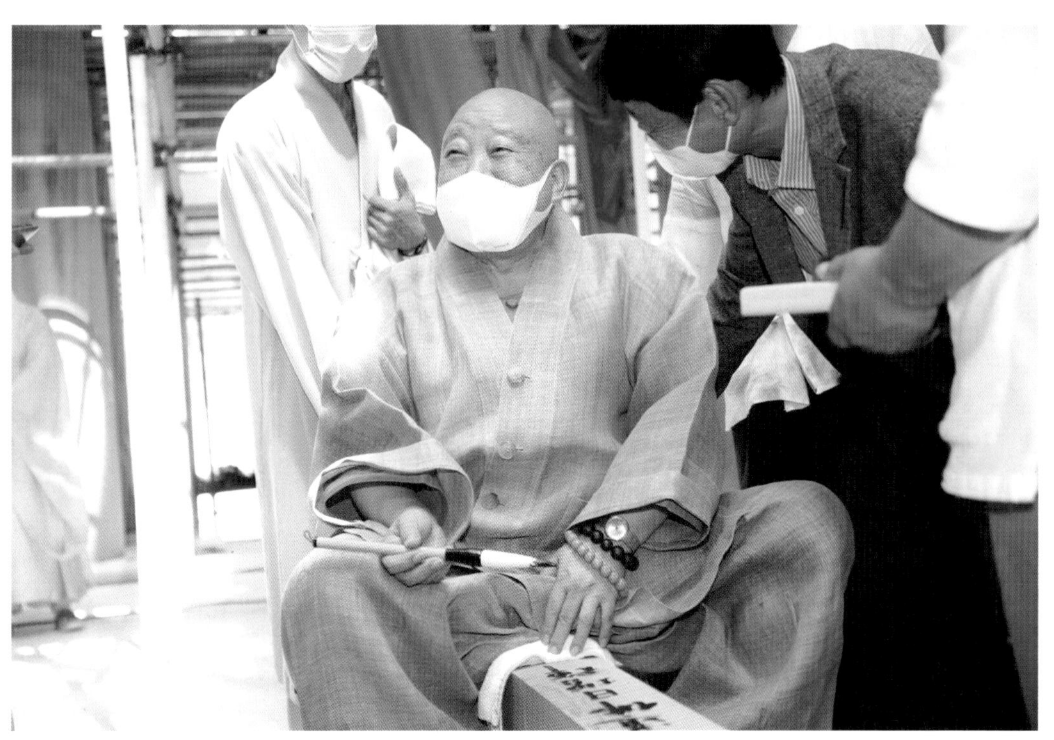

세종 한국불교문화체험관 대들보에 연기문을 적고 있는 원행 스님

'열암곡 마애부처님 바로 모시기' 기원법회(2021.11.22).
현장을 살펴보고 있는 원행 스님

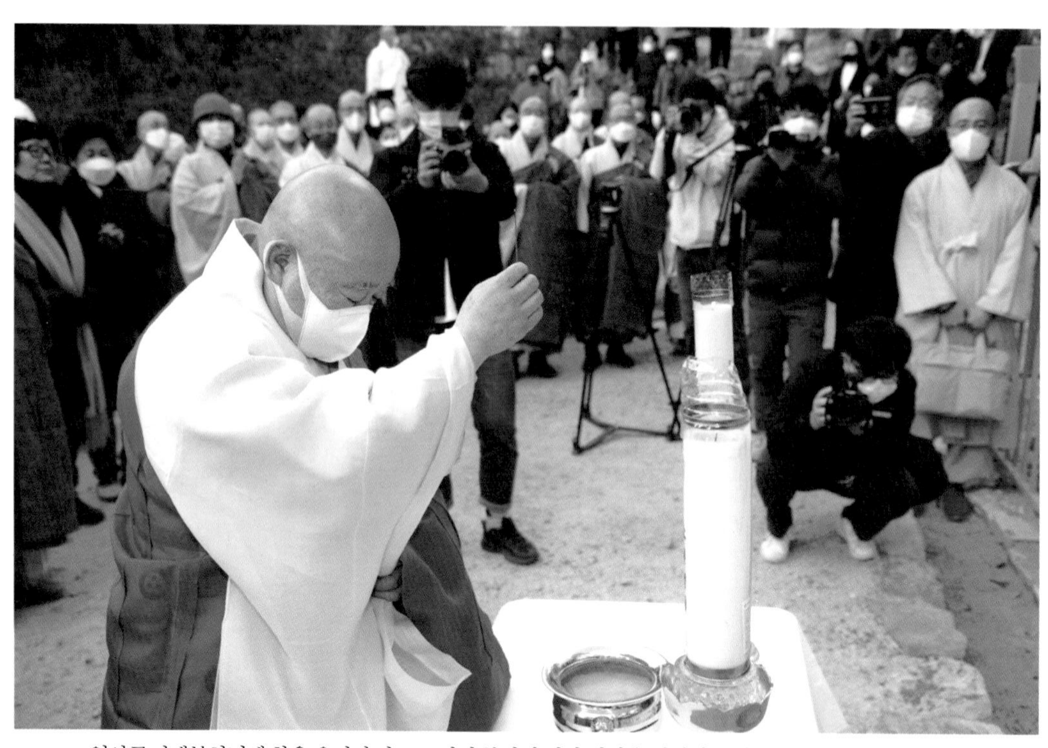

열암곡 마애부처님께 향을 올리며 바로 모시기 불사의 원만 회향을 기원하고 있는 원행 스님

열암곡 마애부처님을 친견하고 있는 원행 스님

상월선원 대웅전 상량식(2022. 4. 23)

대웅전 대들보에 연기문을 적고 있는 원행 스님

총무원장 원행 스님은
포교대상, 불자대상, 만해대상,
전국불교사회복지대회 등을 통해
자신의 위치에서 부처님 가르침을
널리 펼치고 있는 사부대중을
치하했다.

'뭇 생명의 안락과 평화를 위해 나아가자.'

불교의 문을 연 위대한 전법 선언을 가슴에 새기고
여러분이 부처님의 깨달음을 세상에 전파할 때
불법(佛法)은 고통받는 중생의 등불이 됩니다.

그것은 사회 변화의 힘이 되며,
개인의 변화는 불국토(佛國土)를 이루는 원동력이 됩니다.

- 제30회 대한불교조계종 포교대상 시상식 치사 중(2018. 12. 19)

제31회 대한불교조계종 포교대상 시상식(2019. 12. 3, 한국불교역사문화기념관 전통문화예술공연장).
대상 수상자 한국불교대학 대관음사 회주 우학 스님과 함께

한국불교자비나눔대축제 및 제21회 전국불교사회복지대회
(2019. 12. 9, 한국불교역사문화기념관 전통문화예술공연장).
왼쪽부터 김효숙 금강어린이집 원장, 본동종합사회복지관장
법현 스님, 원행 스님, 백천사회복지관장 성민 스님, 김옥희 금륜어린이집 원장

두드리면 열린다고 하셨습니다.

평화롭고 차별 없는 예수님의 사랑을 기억하며
미래가 불안한 이, 강압에 힘겨운 이들에게
희망과 용기를 북돋아 줍시다.

내 안의 사랑을 일깨워
뭇 생명의 안락과 행복을 위해
함께 손잡고 나아갑시다.

- 크리스마스 트리 점등식 축사 중(2018. 12. 19)

크리스마스 트리 점등식(2019. 12. 20, 서울 조계사)

부처님께서 수행자들을 불러 모아 말씀하시길, '나에게 몸과 입과 뜻으로 범한 허물이 없는가' 세 번 물으셨습니다.

이때 사리불 존자는 '모든 이를 제도하시고 중생의 의지처가 되어 허물이 없다'고 답하여 비로소 법랍 한 살을 더 얻게 되셨다고 합니다.

스스로 허물을 묻고 청정함을 인정받은 후에야 비로소 새해를 맞았던 부처님과 제자들의 모습에서 우리는 새해의 배움을 얻습니다.

만반장불거(萬般將不去) 유유업수신(唯有業隨身)

모든 것을 갖추었음에도 결국 하나도 가져가지 못하고 오직 지은 업만 따라갈 뿐. 집착을 버리고 진정한 행복한 길이 무엇인지 차분히 생각해 보아야 합니다.

- 2020년 신년 메시지 중

한국불교지도자 신년하례법회(2020. 1. 16, 서울 조계사)

한국공무원불자연합회·청와대불자연합회 합동 신년법회(2020. 1. 17, 서울 조계사)

대한불교조계종은 코로나19 확산 방지를
위해 사찰의 법회나 행사, 연등회 등을 취소
또는 축소 진행하는 등 정부 지침에 적극
동참하여 어려운 가운데서도 타의 모범이
되었다.

一中一切多中一(일중일체다중일)

一卽一切多卽一(일즉일체다즉일)

一微塵中含十方(일미진중함시방)

一切塵中亦如是(일체진중역여시)

하나 속에 모두 있고 모두 속의 하나이며

하나 그대로가 전체이고 전체가 그대로 하나이네.

한 티끌 속에 온 우주가 담겨 있고

낱낱의 티끌마다에도 모두가 그러하다네.

_의상 대사, 「법성게(法性偈)」

최근 코로나19를 통해 우리는 눈에 보이지 않는 미세한 존재가 온 세계에 영향을 미치는 것을 확인했습니다.
우리 또한 그렇습니다. 우리의 생각과 말과 행동은 온 우주에 영향을 미칩니다. 이 세상은 모두가 하나의 인드라망으로 연결되어 있고 나에 의해 매 순간 새롭게 창조됩니다. 그러니 우리 스스로 부처님처럼 마음을 쓰고, 부처님처럼 말하고, 부처님처럼 행동하면 온 세상이 부처님으로 가득한 화엄세계가 성취될 것입니다.

- 불기 2564년 부처님오신날 봉축사 중(2020. 5. 30)

코로나19 극복과 치유를 위한 기도 입재식(2020. 4. 30, 서울 조계사)

코로나19 극복을 위한 종교계와의 대화(2020. 9. 24, 청와대).
왼쪽부터 김계조 행정안전부 재난안전관리본부장, 박능후 보건복지부 장관,
김태영 한국교회총연합회 대표, 이범창 한국민족종교협의회 회장, 손진우 성균관장,
송범두 천도교 교령, 정세균 국무총리, 대한불교조계종 총무원장 원행 스님,
천주교 주교회의 의장 김희중 대주교, 오도철 원불교 교정원장,
이홍정 한국기독교교회협의회 총무, 박양우 문화체육관광부 장관, 구윤철 국무조정실장

보건
INISTRY

한국종교지도자협의회 보건복지부 격려 방문(2020.5.21).
왼쪽부터 정은경 질병관리청 청장, 오도철 원불교 교정원장, 천주교 광주대교구장 김희중 대주교,
박능후 보건복지부 장관, 대한불교조계종 총무원장 원행 스님, 송범두 천도교 교령, 손진우 성균관장

만해 스님께서는 3.1 운동을 주도한 혐의로 투옥되어, 1920년 10월 30일 마지막 선고 공판을 받게 되셨습니다. 이 재판의 최후 발언에서 스님은 이런 말씀을 하셨습니다.

"우리들은 우리의 조국과 민족을 위하여 마땅히 해야 할 일을 한 것뿐이다."

지금 이 순간에도 신종 감염병에 맞서 장한 희생을 하고 계신 세계의 모든 의료진들은 만해 스님과 똑같은 취지의 말씀을 하고 계십니다.

"나는 마땅히 해야 할 일을 하고 있을 뿐이다."

우리 인류의 역사는 바로 이런 분들에 의해 가꾸어지고 발전되어 왔음을 잘 알아야 하겠습니다. 만해 스님처럼, 세계의 모든 의료진들처럼, 우리 모두가 자기 자리에서 마땅히 해야 할 일을 해나간다면 우리는 분명 무서운 질병의 공포로부터 벗어날 수 있게 될 것입니다.

위당 정인보 선생은 조선의 청년들에게 항상 이런 당부를 하셨다고 합니다.

"청년들이여, 만해를 배우라."

저는 험난한 이 시대를 살아가는 세계인들에게 감히 위당 선생님의 말씀을 이렇게 대신 전해드리고 싶습니다.

"세계인들이여, 만해를 배웁시다."

- 제24회 만해대상 시상식 법어 중(2020. 8. 12)

제24회 만해대상 시상식(2020. 8. 12)에서 법어를 전하고 있는 원행 스님

왼쪽부터 우병렬 강원도 경제부지사, 윤성이 동국대 총장,
태국 아속공동체 켄파 선생(포티락 스님 대리 수상자), 서영성 대구동성병원장,
조계종 총무원장 원행 스님, 산악인 엄홍길, 소설가 김주영, 시인 신달자,
강천석 만해대상 심사위원장, 최상기 인제군수

원행 스님을 비롯한 국내 불교 종단
지도자들은 제주 4.3평화공원을
찾아 4.3사건으로 희생된 이들을
위한 추모 위령재를 봉행했다.

제주도의 시월은 평화롭고 더할 나위 없는 풍광을 간직하고 있습니다. 그러나 이곳은 1948년부터 7년간 냉전시대 이념의 갈퀴가 할퀸 폭력으로 무려 3만 명에 달하는 원혼(冤魂)이 검붉은 토양을 덮은 민족적 비극의 현장입니다.
불교계 역시 4.3사건으로 열여섯 분의 스님이 희생되셨으며, 제주 지역 사찰 역시 큰 피해를 입었습니다.
그러나 꽃 지는 소리를 발갛게 입에 물고 일렬로 허공을 건너는 수많은 영혼들이 아직 이 땅 위에서 편히 잠들지 못하고 있습니다.
이제 희생된 분들의 명예를 회복하여 평안을 드리고, 유족들께 용서를 구하여 화해의 지평을 활짝 열어야 할 것입니다.
불교계는 4.3 희생자 가족을 비롯하여 제주도민의 아픔이 치유될 수 있도록 힘을 보태겠습니다. 영령들을 모신 이 역사적 현장에서 다시는 이러한 민족의 비극이 없도록 깊은 참회와 함께 평화와 모든 생명이 존중받는 정토 구현을 위해 정진하겠습니다.
이제 역사적 진실을 밝혀 진정한 화해의 길로 함께 나아가기를 간절히 기원드립니다.

- 한국불교지도자 제주 4.3 희생자 추모 위령재 추모사 중(2020. 10. 20)

한국불교지도자 제주4.3 추모 위령재(2020. 10. 20, 제주4.3평화공원 위령광장)

제주4.3평화공원 봉안관을 둘러보고 있는 원행 스님과 한국불교종단협의회 지도자 스님들

隨處作主(수처작주)

立處皆眞(입처개진)

머무는 곳마다 언제나 주인이 되면,

지금 있는 이곳이 진리의 세계이리라.

_『임제록』

큰 바위가 바람에 흔들리지 않듯, 지혜로운 자는

어떤 칭찬과 비방에도 흔들리지 않습니다.

늘 진실하고 주체적이며 창의적인 주인공으로 사십시오.

그 자리가 가장 행복한 세계입니다.

-《법보신문》 창간 30주년 치사 중(2018.11.20)

10.27법난이란 1980년 일어난
정권의 불교 탄압 사건이다.
2020년 10.27법난 40주년을
맞아 추념식을 가졌다.

10.27법난 제40주년 추념식(2020. 10. 27, 한국불교역사문화기념관)

우리는 작금의 사태로 인해 인간답게 멀어지는 법을 배우고 있습니다. 사회적 거리두기란 타인과 장벽을 쌓고 불통하는 것이 아닙니다. 물리적 거리 속에는 사랑하는 가족과 친구와 이웃을 향한 자비심이 녹아 있음을 이해해야 합니다.

거리는 멀어져도 마음은 가까워지라는 말처럼, 상대가 전하는 배려심을 가슴 깊이 이해하고 동행한다면 우리를 둘러싼 장벽은 단지 허상일 뿐입니다.

- 불기 2564년 연등법회 개회사 중(2020. 5. 23)

행복바라미 문화대축전은
대면 행사였지만 코로나19 사태로
2020년에는 온라인으로 진행되었다.
사부대중은 코로나 극복과 종식의 염원을
담아 한 목소리로 『금강경』을 독송했다.

행복바라미 문화대축전 - 코로나 극복과 종식을 염원하는 금강경 독송 정진
(2020. 12. 12. 한국불교역사문화기념관 전통문화예술공연장)

아름다운동행 자비공양 나눔(2021. 3. 16, 한국불교역사문화기념관 앞)

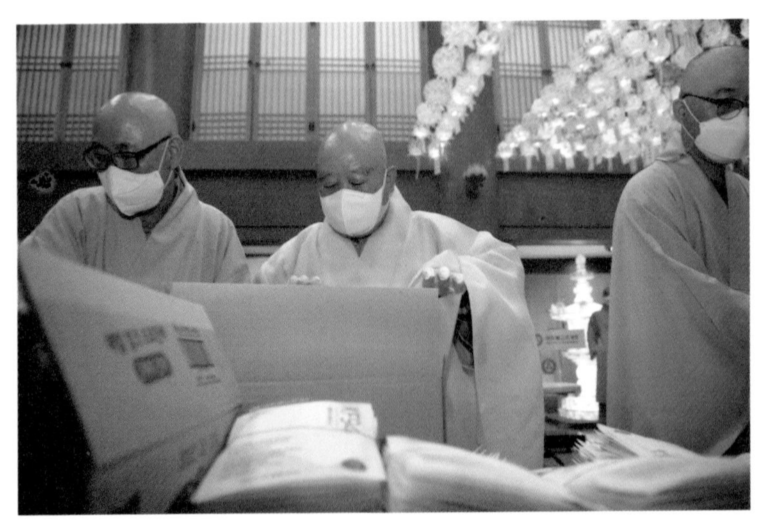

쪽방촌 주민을 위한 자비 선물(2021. 5. 13, 한국불교역사문화기념관)

부처님께서는
나를 받들어 공양을 올리는 일보다
가난하고 소외된 이들을 돌보는 일이야말로
더욱 수승한 복전(福田)이라 하셨습니다.

일체 모든 생명은 평등한 존재이며
서로 의지하고 생멸(生滅)한다는
연기(緣起)의 진리를 명심해 주십시오.

이 오탁악세(五濁惡世)• 속에서
여러분의 손길은 대자비를 전하는 감로수와 같이 고귀합니다.

- 한국불교자비나눔대축제 및 제20회 전국불교사회복지대회 인사말 중(2018.12.6)

• 겁탁(劫濁), 견탁(見濁), 번뇌탁(煩惱濁), 중생탁(衆生濁), 명탁(命濁) 등의 다섯 가지 더러움이 가득찬 세상.

舌食不當飽(설식부당포)

畵餠不充飢(화병불충기)

밥을 이야기해도 배가 부르지 않고,

그림의 떡으로는 배를 채울 수 없는 법이다.

_『선문염송』

경전 속 가르침은 생활에서 실천할 때 오롯이 드러납니다.

참선하고, 기도하고, 염불하고, 사경하며

남에게 베푼 만큼 우린 자비로워지고 아름다워집니다.

끊임없이 부처님을 닮아 가다 우리 모두 결국에는

부처님이 되어야 합니다.

- 2019년 신행수기 시상식 치사 중(2019. 6. 4)

2022 베이징 동계올림픽 대표 선수 예방(2022. 3. 2. 한국불교역사문화기념관).
왼쪽부터 티모베이 랍신 선수(바이애슬론), 최민정 선수(쇼트트랙), 원행 스님,
김은정 선수(컬링), 원윤종 선수(봅슬레이)

한국불교 1,700년 역사를 대표하는 고승 원효 스님은 '화쟁(和諍)'의 가르침을 강조하셨습니다. 저는 오늘 고려시대 대각국사 의천 스님께서 원효 스님의 화쟁을 풀이하신 글귀 하나를 대통령님께 소개해 드리고자 합니다.

의천 스님은 원효 스님을 '화백가이쟁지단(和百家異諍之端)하고 득일대지공지론(得一代至公之論)'을 이루어내신 분으로 평가하셨습니다. 서로 다른 온갖 주장의 단서들을 잘 찾아 융합하고, 이 세상에서 가장 공정한 논설을 이루어내신 분, 의천 스님은 원효 스님을 이렇게 평가하고 계십니다.

저는 화쟁의 핵심은 '지공(至公)'에 있다고 생각합니다. 지극히 공정하고, 가장 공평한 경지라는 의미입니다.

대통령님께서 추구하고 계시는 '공정사회'가 바로 이러한 가치라면, 부디 흔들림 없이 그 길을 더욱 힘차게 뚜벅뚜벅 걸어가 주시기 바랍니다.

- 대통령 초청 오찬 인사 말씀 중(2019. 10. 21)

태공당 월주 스님 빈소가 마련된 김제 금산사에서 조문을 마친 문재인 대통령과의 환담
(2021. 7. 23, 김제 금산사)

대한불교조계종 제15대 중봉 성파 대종사 종정 추대법회
(2022. 3. 30, 한국불교역사문화기념관).
왼쪽부터 원로회의 의장 수봉 세민 대종사, 총무원장 원행 스님, 중봉 성파 종정예하,
문재인 대통령, 영부인 김정숙 여사

대한불교조계종 제15대 중봉 성파 대종사 종정 추대법회가 서울 조계사에서 봉행되었다.
앞줄 왼쪽부터 문재인 대통령 내외, 총무원장 원행 스님, 원로회의 의장 수봉 세민 대종사,
원로회의 부의장 학산 대원 대종사

우리 다 함께 평화의 길로 갑시다.

평화는 약한 자의 구두선● 이 아닌 강자의 넘치는 자비심입니다.
우리 다 함께 평화의 길로 갑시다.

평화는 미혹한 자의 길이 아닌 지혜로운 자의 길입니다.
우리 다 함께 평화의 길로 갑시다.

평화는 소극적 삶이 아닌 적극적인 도전의 삶입니다.
우리 다 함께 평화의 길로 갑시다.

평화는 분열된 이기심이 아닌 통일된 이타심입니다.
우리 다 함께 평화의 길로 갑시다.

● 입으로 선 수행을 말하지만 실제로 행하지 않는 것.

평화는 혼자의 자족(自足)이 아닌 우리 모두의 공영(共榮)입니다.
우리 다 함께 평화의 길로 갑시다.

평화는 질병의 괴로움이 아닌 건강한 즐거움입니다.
우리 다 함께 평화의 길로 갑시다.

평화는 양극단의 절충이 아닌 양극단의 한계를 인식하는
대조화입니다.
우리 다 함께 평화의 길로 갑시다.

세상은 이기심으로 늘 다툼의 역사를 이어 왔습니다.
동시에 협력과 상생을 추구하는 평화의 역사도 함께해 왔습니다.
다툼의 역사로 인해 인류는 공멸로 나아갔지만,
또한 상생의 역사로 인해 평화와 번영을 이어온 것이
이 세상의 실상입니다.
이제 우리 모두 다 함께 평화의 길로 갑시다.

- 해인사 팔만대장경의 날 기념 행사 평화 메시지 중(2020.4.11)

서울시청 광장 봉축 점등식(2022. 4. 5, 서울시청 광장).
봉행사를 낭독 중인 총무원장 원행 스님

서울시청 광장 봉축 점등식 탑돌이 행사에서 오세훈 서울시장과 함께

코로나19로 인해 진행을 미룬
국가무형문화재이자 유네스코
인류무형문화유산인 연등회가
2022년 비로소 재개되었다.

부처님께서 탄생하신 후 일곱 걸음을 걸으시니 발끝마다 연꽃이 피어납니다. 낮에 핀 땅 위의 칠연화(七蓮花)는 밤이 되니 하늘의 일곱 연등으로 바뀌었습니다. 일곱은 일천이 되고, 일천은 다시 일만이 되더니, 어느덧 백만 연등이 되었습니다. 한 등불이 다른 등불로 이어져 백만 등불이 되어도 그 밝음은 차별이 없기에, 백만 등불은 백만억 국토와 천만억 중생을 밝히게 됩니다.

불기 2566년 연등회 - 관불의식(2022. 4. 30, 서울 동국대 운동장)

부처님께서 보리수 아래에서 일어나 세간을 향해 법의 등불을 켠 것은 개인의 안심(安心)보다는 대중의 안락(安樂)이 더 귀중하다는 것을 알리기 위함입니다. 그래서 전도된 망상과 보편성이 결여된 신념에 집착한 이를 만났을 때는 스스로를 밝히는 등불을 주셨고, 이리 막히고 저리 걸린 중생들에게는 대승(大乘)이라는 큰 등불을 나누어 주셨던 것입니다.

화합은 우리를 불필요한 괴로움에서 벗어나게 하고 편안함을 만드는 출발점이요, 종착점입니다. '삼계가 모두 괴로움이니 내가 마땅히 편안하게 하리라(三界皆苦 我當安之).' 부처님의 탄생게(誕生偈)를 함께 부르며, 우리 모두가 누려야 할 편안함에 이를 때까지 쉼 없이 정진하면서 백만원력(百萬願力)이라는 등불로 우리 모두 국토를 환하게 밝혀 봅시다.

- 불기 2563년 부처님오신날 봉축사 중(2019. 5. 12)

불기 2566년 연등회 - 연등 행렬 선두

불기 2566년 연등회 - 전통문화마당(2022. 5. 1. 서울 조계사 및 종로 우정국로 일대).
조계사를 찾은 어린이들에게 염주를 선물하는 원행 스님

자원봉사자 및 참가자들과 인사를 나누고 있는 원행 스님

불기 2566년 봉축법요식 – 총무원장 원행 스님과 윤석열 대통령 당선인
(2022. 5. 8, 한국불교역사문화기념관)

우공이산(愚公移山), 어리석은 사람이 산을 옮긴다는 말입니다. 지극한 마음으로 우직하게 한 우물을 파는 사람은 결국 큰 성과를 이룬다는 뜻입니다.

우리 사회의 지도자들이 우공이산의 가르침을 교훈 삼아 국민을 위해 바른 뜻(願力)을 세우고 국민과 세상을 향해 나아가 주시길 당부드립니다.

부처님께서는, 지금 우리가 살아 숨 쉬고 있음은 함께하는 모든 생명들의 청정함에서 비롯된 것임을 깨닫게 해 주셨습니다.

모두가 하나인 생명 공동체이므로 갈등과 반목의 장벽을 넘어 존중과 배려, 공존과 상생의 용기를 북돋아 화합의 큰 힘으로 어려움을 이겨 나가기를 간절히 기원합니다.

- 대통령 초청 한국불교지도자 간담회 인사 말씀 중(2020.9.18)

내 마음가짐을 소중히 하며 스스로를 사랑할 때 진정한 자비의 마음이 일어납니다. 또한 이웃과 세상을 동체대비의 큰 자비심으로 대할 때 평화는 늘 우리 곁에 있을 것입니다. 무엇보다 소중한 여러분의 마음을 잘 가꾸고 사랑하며, 이웃과 함께 세상의 평화를 향해 걸어가야 할 것입니다.

부처님의 은혜에 보답하겠다는 마음가짐으로, 물러섬이 없는 서원과 실천으로 자신과 타인, 개인과 사회가 조화롭게 상승(上昇)하는 공동체를 만들어 나아갑시다.

불기 2566년 봉축법요식 – 중봉 성파 종정예하와 총무원장 원행 스님

그리고 우리 모두 대승보살(大乘菩薩)이 되겠다는 서원을 다짐합시다. 나 자신이 불교가 되고, 나 자신이 희망이 되는 것입니다. 한 방울의 물이 모여 강을 이루고 마침내 큰 바다가 되듯이, 우리 불자 한 명 한 명의 원력이 백만으로 모이면 모든 어려움을 능히 극복하고 번뇌를 없애며, 불일(佛日)이 충만하고 만고에 법륜이 상전(常轉)하게 될 것입니다.

오늘같이 즐겁고 기쁜 날, 우리는 스스로를 밝히고 세상을 환하게 하는 연등을 손에 들었습니다. 한 사람 한 사람이 한국불교의 전통을 계승한다는 자부심과 사바세계를 정토로 장엄하겠다는 크나큰 원력으로 힘차게 정진합시다. 만나는 모두가 부처님이요, 내가 가는 곳마다 다 부처님 세상입니다.

- 불기 2563년 연등법회 개회사 중(2019. 5. 4)

불기 2566년 봉축법요식(2022. 5. 8. 서울 조계사)

마정수기를 내리고 있는 원로의장 학산 대원 대종사(우)와 총무원장 원행 스님(좌)

불기 2566년 봉축법요식 – 불자대상 시상식.
왼쪽부터 함종한 헌정정각동우회 회장, 최민정 선수(쇼트트랙), 원행 스님,
스롱 피아비 선수(당구), 구자욱 선수(야구, 모친 대리 수상), 박대섭 국군예비역불자연합회 회장

결집불사

인도 부다가야 분황사 대웅보전

인도 부다가야 분황사 건립은
백만원력 결집불사의 가장 큰
원력사업으로 설매·연취 보살을
비롯한 사부대중의 정성으로 말미암아
2022년 5월 21일 준공식을 가졌다.

석가모니 부처님께서 깨달음을 이루신 부다가야의 분황사는 인도에 세운 최초의 한국 전통사찰로, 설매·연취 보살님을 비롯하여 백만원력 결집에 동참해 준 많은 불자님들의 원력이 담겨 있습니다.

부처님의 가르침이 담긴 그 원력 하나하나로 인해 이곳은 생명의 곳간, 희망의 곳간, 위로와 치유의 곳간, 화합의 곳간으로 사람들의 마음을 움직일 것입니다.

- 인도 부다가야 분황사 건립 기공식 기념사 중(2020. 3. 28)

인도 부다가야 분황사 대웅보전 봉불식(2022. 5. 20)

봉불식에서 발원문을 낭독하고 있는 설매·연취 보살

인도 부다가야 분황사 대웅보전에 모신 불상의 점안의식을 하고 있는 원행 스님

인도 부다가야 분황사 준공식(2022.5.21)

원행 스님이 회주로 계시는 무주 적상산 안국사

• 이 장에 수록된 글은 원행 스님의 대중법회 내용 일부를 발췌·정리한 것입니다.

불자들에게

보내는

편지

不出戶身遍十方(불출호신변시방)

未入門常在屋裏(미입문상재옥리)

집을 나서지 않고도

몸이 시방에 두루하고

문에 들지 않고도

늘 집안에 있느니라.

선재동자의 초발심

불교 최고의 경전 중 하나로 10조 9만 5,048자라 이야기되는 방대한 경전이자 대서사시가 바로 『화엄경(華嚴經)』입니다. 그중 「입법계품(入法界品)」에 구법(求法) 여행을 떠나는 선재동자(善財童子)가 등장합니다. 이 선재동자의 발심(發心)은 무엇입니까? 그것은 인생의 무상(無常)함을 깨닫고, 부처님 말씀대로 따르며, 수행하겠다는 것입니다. 그런 초발심(初發心)으로 문수보살님을 만난 선재는 53분의 선지식(善知識)을 만나기 위한 여정에 오릅니다.

선재동자가 만나는 53선지식 중 가장 마지막에 만나는 분들이 문수보살님과 보현보살님입니다. 이분들은 석가모니 부처님의 좌우보처로 대지(大智)와 대행(大行)을 상징합니다. 부처님께서 지혜와 중생을 향한 행동을 가장 중요하게 생각하셨음을 알 수 있는 대목입니다.

『화엄경』에는 많은 선지식이 등장하시지만 중요한 골자는 바로 문수보살의 지혜입니다. 이 지혜란 무엇일까요?

우리는 부처님께서 말씀하신 삼법인(三法印)을 제대로 체득해야 합니다. 제행이 무상하고[諸行無常], 제법이 무아[諸法無我]라는 그 명제, 그리고 열반에 들면 적정이라는 큰 낙이 있다는 것[涅槃寂靜]을 깨닫고 체득해야만 합니다. 모든 것은 무상하고, 무아라는 대명제가 있어야만 우리는 수행도 할 수 있고, 성불(成佛)할 수도 있는 것입니다.

그래서 또 하나의 중요한 경전인 『금강경(金剛經)』에서도 아상(我相), 인상(人相), 중생상(衆生相), 수자상(壽者相)을 얘기하는 겁니다. '나'라고 하는 고정된 실체가 없어야만 성불할 수 있기 때문입니다.

석가모니 부처님의 대원력

법정(法頂, 1932~2010) 큰스님께서는 '모든 중생에게 대자비를 베풀고, 너와 내가 없다고 하는 것은 나를 무한히 넓히고 확대하는 것'이라 말씀하셨습니다. 내가 넓어지면서 모두 하나가 되는 것이죠. 그러므로 무아여야 성불할 수 있습니다. 그래서 우리는 늘 무상·무아를 체득하도록 노력해야 합니다. 그리하여 그것이 전제가 되면 뒤바뀐 헛된 생각도, 쓸데없는 욕심을 낼 일도 없게 됩니다.

무상은 쉽게 말해 세상은 변한다는 것, 고정된 실체가 없다는 것입니다. 모든 것은 다 변합니다.

이 세상은 현상에 따라 나타나는 일밖에 없습니다. 무상하므로 집착이 없고, 무상하므로 평상심(平常心)을 가져야 합니다. 이렇게 무상·무아가 대명제가 됩니다.

결국 지혜를 갖춘다는 것은 무상과 무아를 체득해 모든 이들을 하나로 여기는 것입니다. 그리고 그것을 직접 행동으로 옮기는 것이 바로 보현보살의 보현행입니다.

문수보살의 지혜와 보현보살의 행원은 석가모니 부처님의 크신 본원력입니다. 우리 불자들은 부처님의 본원력인 지혜와 자비, 보현보살님의 행원에 따라 수행함으로써 성불할 수 있습니다.

성불한다는 것은 업(業)을 바꿔서 운명을 바꾸는 길이 됩니다. 보살행을 행하는 것, 육바라밀(六波羅密)을 행하는 것이 바로 보현행입니다. 부처님을 찬탄하고, 참회하고, 발원을 세우며, 법문 듣기를 늘 청하고, 공양하는 것, 이 모든 것들이 육바라밀을 행하는 것입니다.

『화엄경』의 방대한 모든 것을 다 공부할 수는 없지만 대략적인 것은 그 골자가 갖추어져 있기 때문에, 문수보살님의 뜻에 따라 53선지식을 친견하고 수행했던 선재동자처럼 우리가 수행함으로써 성불할 수 있습니다. 그리고 성불한다는 것은 바로 '운명을 바꾸는 일'이라고 이야기할 수 있습니다.

내 주변의 모두가 선지식이다

그동안 우리 불교를 대표하는 훌륭한 분들이 많은 법문을 하셨습니다. 큰스님들께서 늘 말씀하시길, 셋이 길을 가면 둘은 선지식이라 하셨습니다.

선지식이 따로 있는 게 아닙니다. 선지식은 나를 이끌어 주는 스승도 선지식이지만, 우리가 공부할 수 있도록 도와주는 도반이나 시주자도 모두 선지식입니다. 선지식 아닌 분들이 없어요. 그래서 절대 조그마한 것이라도 소홀해선 안 됩니다. 정성을 다해야 해요.

그만큼 우리 공부인들은 정성스럽게 공부해야 합니다. 물론 성심성의껏 모든 정성을 다하고 나서 오는 일들은 진인사대천명(盡人事待天命)이니 어쩔 수 없습니만, 언제나 성의를 다하지 않으면 안 됩니다. 육바라밀을 행할 때도 매사에 정성을 다해 열심히 수행해야만 하는 것입니다.

- 53선지식 구법여행 회향법회 법문 중, 2020. 6. 26

김제 모악산 금산사 대장전(보물) 문창살

모든 수행은 통(通)한다

참선(參禪)은 부처님의 마음이요, 경전은 부처님의 말씀입니다. 그런데 중국이나 우리나라에서는 역사적으로 교학을 중심으로 해 선을 융합하느냐, 반대로 선을 중심으로 교학을 융합하느냐 하는 논란이 자주 있었습니다.

이와 관련해 육조 혜능(六祖慧能, 638~713) 큰스님께서는『육조단경(六祖壇經)』에 말씀하시길 참선을 하는 사람들이 경을 가볍게 생각하여 '불립문자(不立文字)'라고 하는데 이는 잘못하면 자기에게 허물이 생기기도 하지만 부처님의 경전을 가볍게 보는 현상이 일어나므로 삼가야 한다고 하신 바 있습니다.

우리나라 백곡 처능(白谷處能, 1617~1680) 스님 같은 분도 '선교불이(禪教不二)'라 하여 선과 교는 처음부터 둘이 아님을 설하신 바 있습니다.

여덟 가지 해탈의 문

여러 신도분들께서 참선, 염불, 간경, 주력, 참회 등 여러 방법으로 수행하고 계시리라 믿습니다. 그럼 우리 불교는 어떤 수행을 택했을까요?

잘 아시리라 생각됩니다만, 대한불교조계종에서는 '『금강경(金剛經)』과 큰스님들의 법문(전등법어)을 소의경전으로 하나 기타 염불이나 주력 등도 제한치 않는다' 하고 있습니다.

몇몇 분들은 참선이 제일이고, 이외의 교학이나 염불, 주력 등은 그렇지 않다고 생각하시는 분들이 계십니다. 하지만 교든, 선이든 각자 독특하면서도 또한 같은 목표를 향해 가는 바른길임을 우리는 기본적으로 이해하고 있어야 합니다.

중국의 영명 연수(永明延壽, 904~975) 선사께서는 「팔일성해탈문(八溢聖解脫門)」을 통하여 모든 수행법은 해탈로 가는 문임을 설파하신 바 있습니다.

禮佛者 敬佛之德也(예불자 경불지덕야)

念佛者 感佛之恩也(염불자 감불지은야)

持戒者 行佛之行也(지계자 행불지행야)

看經者 明佛之理也(간경자 명불지리야)

坐禪者 達佛之境也(좌선자 달불지경야)

參禪者 合佛之心也(참선자 합불지심야)

得悟者 證佛之道也(득오자 증불지도야)

說法者 滿佛之願也(설법자 만불지원야)

實際理地 不受一塵(실제이지 불수일진)

佛事門中 不捨一法(불사문중 불사일법)

然此八事 猶如四方四隅 闕一不可(연차팔사 유여사방사우 궐일불가)

前聖後聖 其揆一也(전성후성 기규일야)

六波羅蜜 亦須兼行(육바라밀 역수겸행)

예불하는 것은 부처님의 덕을 공경함이요,

염불하는 것은 부처님의 은혜에 감사함이요,

계율을 수지하는 것은 부처님의 행을 행하는 것이요,

경전을 공부하는 것은 부처님의 이치를 밝히는 것이요,

좌선하는 것은 부처님의 경계에 도달하는 것이요,

참선하는 것은 부처님의 마음에 계합하는 것이요,

깨달음을 얻는 것은 부처님의 도를 증득하는 것이요,

설법하는 것은 부처님의 원을 채우는 것이다.

깨달음의 자리에는 한 티끌도 받아들이지 않지만,

부처님 문중에서는 한 법도 버리지 않는 것이다.

그러나 이 여덟 가지 일들은 마치 사방사우(四方四隅)● 와 같아서 하나라도 빠지면 옳지 못하다.

과거의 성인과 미래의 성인에게 있어서도 그 진리는 오직 하나일 뿐이다.

육바라밀을 또한 모름지기 함께 행하여야만 한다.

어느 것 하나라도 걸러선 안 된다

「팔일성해탈문」에서는 '예불자'가 가장 먼저 나옵니다. 즉 부처님께 예불하는 것은, '경불지덕야'요, 부처님의 덕을 존경스럽게 생각하기 때문에 예배한다는 것입니다.

그리고 '염불자', 부처님을 마음으로 늘 염하는 염불은, '감불지은야'요, 부처님의 은혜에 대하여 감사하다는 생각을 가지고 하는 것이라는 겁니다.

그다음 부처님께서 말씀하시는 계율을 잘 지키는 것, 즉 '지

● 동·서·남·북 사방과 동남·남서·서북·북동의 사우를 합친 말.

계자'는 '행불지행야'요, 부처님의 행동, 즉 행을 배우려고 하는 것입니다.

'간경자', 그다음 경을 외웁니다. 보통 『금강경』, 『법화경(法華經)』, 『천수경(千手經)』에서 시작해 『반야심경(般若心經)』까지 하시지요. 이 간경자, 경을 본다고 하는 것은, '명불지리야'요, 여기서 '리야'는 부처님의 이치를 명확하게 밝히기 위해 경전을 본다는 뜻입니다.

다음으로 '좌선자', 가부좌를 틀고 앉아서 참선하는 것은, '달불지경야'요, 부처님의 경지를 요달하기 위한 것이고, '참선자'가 참선한다고 하는 것은, '합불지심야'요, 부처님의 마음에 계합하는 것이란 말입니다. 다시 말해 부처님 마음과 똑같이 하기 위한 것이 바로 참선이란 의미입니다.

'득오자', 부처님의 깨달음을 얻고자 하는 자는, '증불지도야'요, 부처님께서 이루신 도의 경지를 증득하기 위해서 하는 것이고, 마지막으로 '설법자', 이렇게 설법을 하는 것은, '만불지원야', 부처님의 원을 가득 채우기 위한 것입니다.

이렇게 여덟 가지를 말씀하셨습니다. 그러면서 이 중 하나라도 걸러서는 안 된다고 하셨습니다. 여기에 더불어 육바라밀을 겸해야 한다고 말씀하십니다. 그것은 보시, 지계, 인욕, 정진, 선정, 지혜의 여섯 가지입니다.

영명 연수 선사께서 말씀하신 것처럼 우리는 염불, 주력 등 제한 없이 자유롭게 수행할 수 있습니다. 이를 '통불교(通佛教)', '회통불교(會通佛教)'라고 합니다. 그러므로 어떤 수행을 하든 정도(正道)로 행하는 수행을 절대 비방하거나 탓해서는 안 됩니다.

- 서울 조계사 관음재일 법회 법문 중, 2015.1.3

김제 모악산 금산사 대장전 보현동자 벽화

겸수(兼修)의 힘

육조 혜능 대사로부터 11대손이자 법안종의 3대 종사이신 영명 연수 선사는 또한 여산 혜원(廬山慧遠, 334~416) 선사의 정토종(淨土宗)을 함께 겸하셨습니다.

사료에 전하는바, 그런 선사께서 마지막에 남기신 말씀은 앞으로 우리가 어떻게 수행해 나가야 하는지 알려 주신 소중한 가르침입니다.

有禪有淨土(유선유정토)
猶如戴角虎(유여대각호)
現世爲人師(현세위인사)
將來作佛祖(장래작불조)

참선도 하고 염불도 하면,
이는 마치 뿔 달린 호랑이와 같아,

현세에선 큰 스승이 되고,

내세에선 부처나 조사가 되리라.

無禪有淨土(무선유정토)

萬修萬人去(만수만인거)

但得見彌陀(단득견미타)

何愁不開悟(하수불개오)

참선은 없이 염불만 한다면,

만 사람이 닦아 만 사람이 극락왕생하거니,

다만 극락에 왕생하여 아미타불 친견하기만 한다면,

어찌 깨닫지 못할까를 걱정하리오.

有禪無淨土(유선무정토)

十人九蹉路(십인구차로)

陰境若現前(음경약현전)

瞥爾隨他去(별이수타거)

참선만 하고 염불은 닦지 않으면,

열에 아홉은 잘못된 길로 떨어지게 되나니,

임종 시에 허망한 경계가 나타나면,
잠깐 사이에 본심을 잃고 경계를 따라가 버릴 것이다.

無禪無淨土(무선무정토)
鐵牀倂銅柱(철상병동주)
萬劫與千生(만겁여천생)
沒箇人依怙(몰개인의호)

참선과 염불 모두 닦지 않는다면,
지옥의 쇠 침대에 누워 불타는 구리 기둥 안게 되리니,
이런 사람들은 만겁이 지나고 천생이 지나도록,
믿고 의지할 사람 하나 만나지 못하리라.

뿔 달린 호랑이

'유선유정토', 참선을 하면서 염불을 하면, '유여대각호'라, 마치 호랑이가 뿔을 단 것과 같다고 말씀하셨습니다. 호랑이는 이빨이 엄청나고, 발톱도 센데 거기에 만일 뿔까지 달렸다면 어떻겠습니까? 다시 말해 참선을 하면서 염불도 하라는 것입니다.

이어 '무선유정토', 만일 참선을 하지 않고 염불만 하면 어떻게 되느냐, '만수만인거'라, 만 사람이 수행을 하면 만 사람이 다 아미타 부처님 계시는 서방정토로 갈 수 있다고 하셨습니다. 하지만 '유선무정토', 만일 참선만 하고 염불하지 않으면, '십인구차로'라, 열 사람이 수행을 해서 아홉 사람은 넘어질 수 있습니다.

만일 염불도, 참선도 안 하면 결론은 뻔합니다. '철상병동주'라, 펄펄 끓는 쇠 침상 위에서 뜨거운 구리 기둥을 안고 있는 것과 마찬가지입니다. 결국 지옥에 간다는 이야기지요. 이것이 영명연수 선사께서 말씀하신 「사료간(四料簡)」입니다.

우리는 지금까지 늘 열심히 수행해 왔고, 여러 수행을 겸해 왔습니다. 다만 이러한 선사의 가르침을 분명히 해서 참선을 하든, 염불을 하든, 간경을 하든, 또 주력을 하든 모든 것이 다 똑같은 부처님의 성불로 가는 방편이라 생각하시길 바랍니다.

근기가 강한 분들은 물론 참선을 하시겠습니다만, 그렇지 않은 분들도 절대 위축되지 마십시오. 불교를 공부하는 여러 가지 방편을 잘 택해서 열심히 하시면 모두 성불할 수 있다고 하는 부처님의 큰 원력을 믿고 열심히 수행해야 합니다.

- 서울 조계사 관음재일 법회 법문 중, 2015. 1. 3

봄기운이 만연한 김제 모악산

무상한 세상에서 복을 얻는 법

天上天下 唯我獨尊(천상천하 유아독존)

三界皆苦 我當安之(삼계개고 아당안지)

하늘 위, 하늘 아래 오직 내가 홀로 존귀하다.

삼계가 모두 고통이니 내가 마땅히 이를 편안케 하리라.

석가모니 부처님께서 태어나시면서 '천상천하 유아독존'을 말씀하시고, '삼계개고 아당안지', 즉 삼계인 욕계(欲界), 색계(色界), 무색계(無色界)가 다 고통스러운 곳이니 내가 모두를 편안하게 해 주겠다고 선언하셨습니다.

그런데 삼계는 왜 고통스럽습니까? 왜 우리는 사바세계를 고통스러운 세계라고 이야기하나요?

세상이 고통스러운 이유

삼법인의 첫 말씀은 제행무상입니다. '모든 것은 다 무상한 것이다.' 무상은 없을 무(無) 자에 항상할 상(常) 자를 씁니다. '항상한 것은 없다'. 여기에 '항상하다'란 말은 변하지 않는다는 뜻입니다.

그럼 '무상'이란 '변하지 않는 것은 없다', 다시 말해 '세상은 변한다'는 의미입니다. 결국 제행무상이란 '모든 것은 변한다'는 뜻이지요. 이것이 제1의 명제입니다.

건강, 명예, 권력, 미모 모두 다 변합니다. 그런데 우리는 그런 것들을 영원하다고 생각해서 집착하기 때문에 괴로운 것입니다.

'집착하지 말라'는 것을 우리 불교 용어로 하면 '무집착'과 '무소유(無所有)'라고 합니다.

법정 스님께서도 많이 말씀하신 무소유는 무슨 말입니까? 뜻을 풀이하면 '있는 바가 없다'이지요. 결국 없다는 이야기입니다. 왜 없습니까? 무상하니까, 변하니까, 그러니 집착하지 말라는 겁니다. 다시 말해 '편안해지라'라는 말과 다르지 않습니다.

부처님의 탄생게에서 '삼계가 다 고통스럽다'는 말의 속뜻은 결국 '무상하므로 고통스럽다. 세상 모든 것은 무상하니 집착하지 마라'는 것입니다. 무집착과 무소유로 집착하지 않으면 우리 마음은 편안해집니다. 그것이 부처님께서 태어나시면서 우리 중생에게 하신 첫 말씀입니다. 그런데 우리는 제각각 집착과 욕심을 가지고 어리석은 삶을 살아오고 있습니다. 우리가 금생만 살고 마는 게 아니란 걸 명심하셔야 합니다.

왜 수행하는가

통도사 극락암의 경봉(鏡峰, 1892~1982) 노스님께서 늘 하시던 말씀이 있습니다.

"한생 안 난 셈치고 수행하라!"

우리 신도님들은 정말 갖은 고생과 어려움 속에 삶을 꾸리고 계십니다. 그런데 여러분은 누굴 위해 수행하시나요? 나를 위해서, 더 나아가 내 자식, 내 후손을 위해서 하시는 분들이 많을 겁니다. 그럼 복을 짓고, 지혜를 쌓아야 합니다. 이를 잊고 악업(惡業)을 지으면 수행의 복덕이 사라지고 맙니다.

미국에서는 3대 이상 노력해 가문을 일군다고 말합니다. 케네디 가족도 할아버지 대에 재산을 쌓고, 아버지가 시장을 하고, 본인은 대통령이 되었습니다. 그렇게 3대가 노력해야 그 가문이 일어납니다. 그런데 이렇게 하기 위해서는 앞 세대의 것을 지키기 위해 자신은 배나 더 똑똑해야 합니다. 그래서 창업(創業)보다 도 수성(守成)이 더 어려운 겁니다. 그런데 현생의 발등에 떨어진 조그마한 이익 때문에 소탐대실해서야 되겠습니까?

부처님께서 탄생게로 말씀하셨듯 집착하지 않고, 떳떳한 원력으로 올바른 삶을 사셔야 합니다.

바른 원력과 바른 발원, 바른 희망을 가지고 열심히 노력한 대가를 받는 것은 결코 욕심이 아닙니다. 그러므로 부처님 탄생게를 늘 마음에 새기고 바른 발심(發心), 그리고 바른 신심(信心)을 가져야 앞길이 환히 열리는 것입니다.

- 미국 LA 달마사 특별법회 법문 중, 2019. 9. 28

김제 모악산 여름 계곡

선업(善業)을 쌓으면 운명이 바뀐다

제가 책 추천할 일이 생기면 1순위로 이야기하는 것이 있습니다. 바로 『운명을 바꾸는 법』이라는 책입니다.

아마 보신 분들도 많이 계시겠습니다만 간단하게 소개하자면, 명나라 때 '원료범(袁了凡, 1533~1606)'이라는 불자가 자기 아들에게 써 준 글인 「요범사훈(了凡四訓)」의 강설서입니다. 한 보살님이 제가 금산사 주지로 살 때 법보시를 해 주어서 알게 된 책이지요.

얼마 전 고향 후배 중 국회의원이 된 친구가 있는데, 그 친구 아버지가 서당 훈장을 지내셨습니다. 동양학에 대해 그분만큼 잘 아는 분이 없을 정도로 전문가이시지요. 사서(四書)와 삼경(三經)을 이른 나이에 독파하시고, 사주·관상·풍수에 능하셨습니다.

그런데 어느 날 그분이 국회에서 특강을 했습니다. 그 당시 주제가 '사주, 관상, 풍수는 있는가'였을 겁니다. 풀면 숙명(宿命), 즉 운명이란 게 있느냐 그 말입니다. 여러분은 사람마다 정해진 운명이 있다고 생각하시나요? 그분은 '있다'고 말씀하셨습니다. 그리고 특강 끝에 '운명은 내가 바꿀 수 있다'고 하셨습니다.

자기가 우리나라 역대 대통령들의 사주를 전부 봤는데 대통령 팔자를 타고난 사람은 한 명도 없더랍니다. 그럼 어떻게 대통령이 되었느냐? 이때 「요범사훈」 이야기를 하면서 선을 쌓고 노력하면 운명이 바뀌고, 그분들도 부단히 노력하고 수업해 그렇게 된 거라고 하셨습니다.

운명은 있다. 하지만 바꿀 수 있다

줄거리를 살펴보면, '원료범'이라는 분이 젊은 시절 한 사주·관상쟁이한테 사주를 봤는데 '벼슬을 하지만 팔자에 후손은 없다.', '오십몇 살까지 살 거다.' 그런 이야기를 들었습니다. 해서 살아보니 정말 그대로 살아지더랍니다.

그런 운명대로 살게 되는 줄만 알았던 어느 날 '운곡'이라는 스님을 만났어요. 그분께서 웃으면서 '너는 그걸로 끝날 수도 있지만, 노력함으로써 착한 일을 하면 운명을 바꿀 수가 있다.'라고 하셨습니다. 그래서 하루에 한 가지씩 작은 일이든 큰일이든 착한 일을 하기 시작했어요. 그랬더니 늦게 아들을 보고, 명나라 사람인데도 칠십몇 살까지 산 거죠. 이런 자신의 경험담을 써서 아들에게 준 것이 바로 「요범사훈」입니다.

이처럼 운명은 있으나 큰일이든 작은 일이든 착한 일을 해서 선을 쌓고 노력하면 운명이 바뀐다는 것이 「요범사훈」의 주제입니다.

여러분은 지금 자신이 처한 운명을 바꾸시겠습니까? 그럼 어떻게 살아야 하겠습니까?

많은 분들이 원력을 가지고 살기 위해 노력하고 계십니다. 여기에 착한 일 하면 되지 않을 일이 없다는 가르침을 늘 마음에 새겨야 합니다.

한편 조선 개국 당시 정도전(鄭道傳, 1342~1398)이 쓴 『불씨잡변(佛氏雜辨)』에 이런 내용이 나옵니다.

'몸뚱이가 태어나 정신이 생겼고, 몸뚱이가 없어질 때 정신도 없어진다. 그럼 누가 있어 과연 윤회할 것이고, 과보를 받는 건가?'

일부 사람들은 정도전이 이야기했듯 몸이 없어져 정신도 없어진다면 과보도 없을 텐데, 살면서 착한 일을 할 필요가 있겠느냐고 말합니다. 그러나 내가 지은 것은 나 스스로 받고[自作自受], 삼라만상은 생로병사, 성주괴공(成住壞空)합니다. 만난 사람은 반드시 헤어지고, 회자정리(會者定離)요 거자필반(去者必返)이라, 간 사람은 반드시 돌아옵니다. 이러한 이치에 따라 내가 지은 업대로 다음 생을 계속 살아가게 되는 것입니다. 착한 일을 하고 노력함으로써 생을 거듭하며 우리가 자기 원력을 성취할 수 있다고 하는 깊은 믿음을 가져야만 하겠습니다.

- 미국 LA 달마사 특별법회 법문 중, 2019. 9. 28

김제 모악산 금산사 부도전

순례는 곧 기도다

제가 인도, 동남아시아, 중국, 일본 등 세계의 불교 성지들을 순례하면서 느낀 여러 소회가 있습니다. 그중 하나는 우리 불자님들께서 성지에 대한 관심이 조금 떨어지는 것 같다라는 점, 그리고 순례의 의의를 잘 알고 했으면 좋겠다는 점입니다.

물론 우리 불자님들이 삼사 순례라든지 관음 성지 순례 등을 다니고 있습니다만, 순례의 고유한 목적 그리고 어떤 성지를 어떻게 순례할 것인가 하는 것에 대한 깊은 관심은 아직 적은 것 같습니다.

우리나라에 있는 성지라 하면 대부분 이미 잘 알려져 있는 3대 관음 성지•나 부처님 사리가 모셔져 있는 오대적멸보궁(五大寂滅寶宮) 같은 곳을 이야기합니다.

• 양양 낙산사 홍련암, 강화 석모도 보문사, 남해 보리암.

그런데 우리나라 성지가 이렇게 일반적으로 잘 알려진 데만 있는 것은 아닙니다. 예를 들어 우리나라에 석가모니 부처님 진신 사리가 모셔져 있는 보궁이 다섯 군데•뿐인 건 아닙니다. 제가 알기로 약 스물네다섯 곳은 될 겁니다. 그런데 우리는 "오대적멸보궁"이라 불리는 다섯 곳만 생각합니다.

성지에 관해 잘못 알고 있는 것들

물론 오대보궁이 중요합니다. 그러나 부처님 사리가 곳곳에 나누어져 있는데 우리가 관심을 잘 갖지 않는 거죠. 아시는 분들도 계시겠지만 보은 법주사에도 부처님 사리탑이 있고, 김제 금산사에도, 구례 화엄사에도 있습니다.

우리가 중요하게 생각해야 할 성지가 또 하나 있습니다. 통일신라불교에 대해 이야기할 때 빼놓을 수 없는 곳, 바로 '오교구

• 양산 통도사 적멸보궁, 평창 월정사 중대 적멸보궁, 영월 법흥사 적멸보궁, 정선 정암사 적멸보궁, 인제 봉정암 적멸보궁.

•• 통일신라 말부터 고려 전기까지 형성된 불교 종파의 총칭.
오교란 교학을 바탕으로 한 다섯 종파로 열반종, 계율종, 법성종, 화엄종, 법상종을 말한다. 구산은 선종에 속하는 아홉 개 사찰로 실상산문, 가지산문, 동리산문, 사자산문, 사굴산문, 희양산문, 봉림산문, 성주산문, 수미산문을 말한다.

산(五教九山)'●●입니다. 이는 다섯 가지 교종과 아홉 군데 선문이 란 의미입니다. 사실 이 중 아홉 선문, 즉 구산선문(九山禪門)에 대한 인식은 보편화되어 있지만 그 아홉 군데 선문의 종찰(宗刹)을 잘 찾진 않습니다. 지금의 우리 불교가 있기까지의 역사를 알고, 불보살님과 우리 불맥(佛脈)의 중요한 지점이 된 큰스님들께 참배하는 건 매우 의미 있는 일입니다. 하지만 우리 현실은 그렇지 못한 게 사실입니다.

더욱이 오교에 대해서는 아무런 관심이 없는 것 같습니다. 화엄종, 법성종, 법상종, 계율종, 열반종, 이 오교의 종찰을 다녀온 분 역시 몇 안 될 겁니다.

'역사를 모르는 민족은 미래가 없다'고 이야기합니다. 불교도 마찬가지입니다. 불교의 역사를 잘 알지 못하고, 우리가 찾지 않는다면 미래 후손들에게 물려줄 소중한 유산을 잃을 수 있습니다.

해외 성지에 대해서도 그렇습니다.

우리가 중국 성지 순례를 다닐 때에는 보통 4대 성지를 이야기합니다. 동쪽에는 관세음보살의 보타낙가산이 있고, 서쪽에는 보현보살이 계시는 아미산이, 북쪽에는 문수보살의 오대산, 중앙에는 지장보살 성지인 구화산이 있습니다. 그런데 한 군데가 더 있어요. 바로 남쪽 운남성의 미륵 부처님 성지인 계족산입니다.

이 산의 해발 3천 2백 미터 정상에는 "금정사(金頂寺)"라는 절이 있습니다. 그곳엔 미륵 부처님과 미륵 부처님을 맞아 가사와 발우를 전한다고 되어 있는 부처님의 제자, 가섭 존자가 모셔져 있습니다. 그런데 우리 불자들이 그곳을 잘 모르다 보니 참배하는 분이 많지 않은 실정입니다.

성지 순례의 공덕

일본 시코쿠[四国]에 가면 순례자들이 엄청납니다. 정년퇴직하고 나이가 들면서 종교적 삶을 선택하는 지혜로운 분들입니다. 물론 몇몇은 여전히 생활 전선에서 일할 수도 있고, 그 외 다른 선택을 할 수도 있겠습니다만 본인을 위해 수행하면서 내생을 준비하는 것만큼 중요한 일도 없습니다. 그런데 우리 대부분은 그러지 못합니다. 그런 삶이 행복한 삶, 지혜로운 삶일까요?

일본 순례자들은 흰옷에 삿갓을 쓰고 '33 관음 성지'를 순례합니다. 반면 3대 관음 성지, 오대적멸보궁, 오교구산 등의 훌륭한 성지가 있음에도 소홀히 하는 우리 현실이 안타깝습니다.

오대산 상원사에 계셨던 한암(漢岩, 1876~1951) 큰스님께서 말씀하셨습니다. 우리 불자 사부대중은 참선, 염불, 간경, 그리고 의식, 가람 수호, 이 다섯 가지를 하라고 말입니다. 여기에 꼭 하나를 추가해 넣으라고 한다면 '성지 순례'를 해야 한다고 하셨습니다.

> 아난다여, 믿음을 가진 선남자와 선여인이 친견해야 하고 절박함을 일으켜야 하는 네 가지 장소가 있다. 어떤 것이 넷인가?
> 첫째, 룸비니이다. 여기서 여래가 태어나셨다. - 아난다여, 이곳이 믿음을 가진 선남자와 선여인이 친견해야 하고 절박함을 일으켜야 하는 장소이다.
> 둘째, 부다가야이다. 여기서 여래가 위없는 정등각(正等覺)을 깨달으셨다. - 이곳이 믿음을 가진 선남자와 선여인이 친견해야 하고 절박함을 일으켜야 하는 장소이다.
> 셋째, 사르나트이다. 여기서 여래가 위없는 진리의 바퀴를 굴리셨다. - 이곳이 믿음을 가진 선남자와 선여인이 친견해야 하고 절박함을 일으켜야 하는 장소이다.
> 넷째, 쿠시나가르이다. 여기서 여래가 무여열반(無餘涅槃)의 완전함으로 반열반(般涅槃)에 드셨다. - 이곳이 믿음을 가진 선남자와 선여인이 친견해야 하고 절박함을 일으켜야 하는 장소이다.

아난다여, 이것이 믿음을 가진 선남자와 선여인이 친견해야 하고 절박함을 일으켜야 하는 네 가지 장소이다.
아난다여, '여기서 여래가 태어나셨다.' '여기서 여래가 위없는 정등각을 깨달으셨다.' '여기서 여래가 위없는 법의 바퀴를 굴리셨다.' '여기서 여래가 무여열반으로 완전함에 드셨다.'라고 하면서 믿음을 가진 비구들과 비구니들과 청신사들과 청신녀들이 이곳을 방문할 것이다.
아난다여, 누구든 이러한 성지 순례를 떠나는 청정한 믿음을 가진 자들은 모두 몸이 무너져 죽은 뒤 좋은 곳[善處], 천상세계에 태어날 것이다.

-『대반열반경(大般涅槃經)』.『장아함경(長阿含經)』,「유행경(遊行經)」

올바른 순례의 조건

경전에서 이르기를 성지를 순례한 불자는 절대 삼악도(三惡道)● 에 떨어지지 않는다고 합니다. 도리어 선처(善處), 천상세계에 태

● 육도 가운데 악행을 지은 죄과로 인해 죽은 뒤 간다는 지옥도, 축생도, 아귀도.

어난다니, 순례는 매우 수승한 수행임이 틀림없습니다. 하지만 조건이 있습니다. 바로 '청정한 믿음'이 있어야 한다는 점입니다.

순례는 어떤 목적으로 하는 것입니까? 바로 '기도'입니다. 이 점을 명심해야만 합니다.

성지에는 기가 서려 있습니다. 수많은 이가 성지를 찾아 청정한 믿음을 바탕으로 불보살님과 앞선 선지식들께 기도하고 염원했기 때문입니다. 불보살님의 가피가 함께하는 겁니다. 그러므로 결코 성지 순례를 소홀히 하거나 가볍게 여겨선 안 됩니다.

- 서울 봉은사 초하루 법회 법문 중, 2019.7.3

비 오는 김제 모악산 금산사의 미륵전(국보)

인간으로 다시 태어나는 복

대승불교(大乘佛敎)란 보살불교(菩薩佛敎), 즉 남을 위해 사는 불교를 말합니다. 나와 남이 일시(一時)에 성불할 수 있도록 서로를 이끄는 불교이므로 우리는 함께 수행하고 기도하기 위해 부처님 도량에 모인 겁니다. 결국 남을 위해 자원봉사 나온 것이나 마찬가지이지요.

가까이에서 찾아보면, 오늘 법당 안에 자리 잡고 기도하고 법회 듣고 계신 분들은 법당 밖에 앉아 있는 분들의 희생으로 계시는 겁니다. 더욱이 일찍 오셔서 미리 자리 잡으신 분들 중에는 남을 위해 자리를 양보하고 기꺼이 밖에 계시는 분들도 있습니다.

오늘 이 자리에서는 법회 때마다 자주 질문하시는 것 중 한 가지에 대해 정리해 보았으면 합니다.

하늘세계는 영원한가

많은 분들이 '하늘나라, 천상은 영원한 곳인가, 아닌가?'라고 질문합니다. 이 문제는 우리가 개념을 확실하게 정리해야 합니다.

천상이 영원히 사는 곳일까요? 아닙니다. 하지만 많은 분들이 천상을 영원히 사는 곳으로 착각하며 살아갑니다. 부처님께서 말씀하시길 천상도 복진타락(福盡墮落)이라, 복이 다하면 떨어지게 되어 있어요. 지옥도 마찬가지입니다.

우리는 천상이 우리가 윤회(輪廻)하는 육도(六道) 가운데 하나라는 것을 늘 잊지 말아야 합니다. 물론 아미타 부처님의 서방정토 극락세계에 가면 타락하지 않습니다. 우리가 비록 하품하생(下品下生)으로 출현하더라도 상품상생(上品上生)● 으로 성불할 수 있는 것입니다. 이는 아미타 부처님의 큰 원력 때문입니다. 하지만 공부를 게을리하고, 부처님 가르침에 어긋나게 사는 분, 남을 위하지 않는 분이 서방정토 극락세계에 갈 수 있을까요? 이 질문의 답은 여러분들이 이미 가지고 계실 것입니다.

● 극락정토에 왕생하는 이의 9품-하품하생·하품중생·하품상생, 중품하생·중품중생·중품상생, 상품하생·상품중생·상품상생- 중 하나.

다시 인간으로 태어나야 하는 이유

윤회함에 있어 또 잊지 말아야 할 게 있습니다. 바로 다음 생에 다시금 사람으로 태어나야 한다는 점입니다. 인천(人天)의 스승이신 부처님께서 말씀하신 가운데 중요한 한 가지가 바로 이것, 인간으로 환생하는 것입니다.

인간 세계가 그렇게 좋은 곳인가 의심하는 분들이 계실 겁니다. 인간 세계에 다시 태어나는 것이 좋은 이유는 복을 쌓을 수 있기 때문입니다. 천상의 경우 전부 착한 사람들만 모여 있어 옳은 일만 하기 때문에 누굴 도와줄 일이 없습니다. 배가 고프다고 생각하면 저절로 배가 부르게 되는 곳이니 누굴 도울 일이 없죠.

한편 지옥은 '일일일야 만사만생(一日一夜 萬死萬生)', 하루에 만 번 죽고 사는 고통으로 가득한 세계입니다. 자기도 죽고 사느라 바쁘니 남을 도울 여력이 없습니다.

이렇게 인간 세계에서만 복을 짓고, 남을 도울 수도 있으며, 성불할 수도 있는 겁니다. 그러므로 사람이 다시 사람으로 태어난다는 것이 얼마나 중요한지를 우리는 늘 생각해야 합니다.

불교를 믿어 가장 좋은 것 중 하나가 바로 사람으로 다시 태어날 수 있다는 믿음이 생긴다는 점입니다. 하지만 너무 당연하다고 생각해서 그런지 많은 분들이 이를 간과하고 있지요.

사람이 사람으로 윤회해서 좋은 점은 또 무엇이 있을까요? 내 소중한 부모, 형제를 다시 만날 수 있다는 겁니다.

부모님께 잘하라고 하는 것 또한 나를 위한 것이기도 합니다. 부모님께서 돌아가시면 사십구재를 지내고, 천도재를 지내 좋은 곳에 가시길 염원합니다.

잘 생각해 보십시오. 윤회하여 내가 다시 태어날 때 또 그분 밑에서 태어나지 않으리란 보장이 없습니다. 그렇다면 그분들이 좋은 곳에 태어나 잘 살고 계셔야 합니다. 나 역시 그분들의 자식으로 다시 태어나 좋은 환경에서 살 수 있을 테니까요. 또 그것이 우리 아들, 딸 잘되게 하는 방법이기도 합니다.

부처님께서 『부모은중경(父母恩重經)』에 말씀하시길, 길을 가다 만난 뼈 무더기에 절을 하시면서 저 뼈의 주인공들이 전생에 나의 부모, 형제가 아니었다고 할 수 없다 하셨습니다. 이 말씀을 가슴에 새겨야 합니다.

평소 부모님께 잘하고, 돌아가신 부모, 조상분들을 위해 기도하는 노력은 바로 나의 부모, 형제, 자식은 물론 나 자신이 잘되기 위함입니다.

이는 나아가 이웃과 모든 이들이 함께 잘되는 방도이기도 합니다. 그런데 우리나라 사람들은 어느 때부터인가 배고픈 건 참아도, 배 아픈 걸 잘 참지 못합니다. 하지만 처음 말씀드렸듯 우리는 함께 잘되어야 합니다. 그래서 자타일시성불도(自他一時成佛道)● 해야 합니다. 그러면 우린 모두 다시 만날 수 있습니다.

다음 생을 위한 복 짓기

그러므로 우린 복을 지어야 합니다. 법회 시작 전 스님들과 함께 기도하고 염불하는 것 자체가 복을 짓는 겁니다. 그리고 이렇게 법문을 들어서 지혜를 밝혀 사람으로 다시 태어날 수 있는 복을 지어야 다시 친구도, 이웃도 만날 수 있습니다.

세속적으로 생각해 보면, 내게 잘해 준 사람에게는 상대에게도 잘해 주게 되어 있습니다. 그래서 나 자신부터 부모, 형제, 이웃에게 잘해야만 그것이 바로 내가 잘되는 일이다 할 수 있는 겁니다.

우리 불교는 자력신앙과 타력신앙을 겸비한 통불교이므로 부처님과 어른 스님들의 가르침이 모두 유효합니다. 참선, 간경, 주력, 염불, 그리고 가람 수호라든지, 불사(佛事), 하물며 노인분들을 위한 봉사, 사찰 공양주 등등이 모두 수행의 길입니다. 이러한 복 짓기를 통해 우리가 다시 사람으로 태어날 수 있게 되는 것입니다.

● '나와 타인이 동시에 성불을 이뤄야 한다'.

우리는 모두 한 뿌리

한번은 만동자(蔓童子)라는 분이 부처님께 와서 "부처님, 우주는 누가 만들었습니까? 세상은 누가 만든 겁니까?"라고 했습니다. 부처님께서는 이 질문에 아무 답도 하지 않으셨어요(默賓對處). 나중에 다시 찾아와 재차 여쭈었더니 부처님께서는 독화살의 비유를 말씀하셨습니다.

누군가 쏜 독화살에 맞아 고통스러운 상황입니다. 이때 어떻게 해야 살 수 있습니까? 화살을 뽑고 빨리 치료를 해야지요. 그런데 어리석은 자는 독화살이 박힌 채 누가 쏜 건지, 왜 쏜 건지 궁금해 합니다. 그럼 결국 죽음을 맞게 되겠지요.

우리는 지금 생사의 기로에 빠져 있습니다. 하지만 독화살이 박힌 채 우왕좌왕해서는 안 됩니다. 부처님께서는 불보살님의 명호를 한 번이라도 간절하게 부른 신도는 삼악도에 빠지지 않는다고 말씀하셨습니다. 또한 『대반열반경(大般涅槃經)』에는 부처님 성지를 순례하는 신도는 절대 삼악도에 빠지지 않는다고 하셨지요. 그러니 자신감을 가지고 열심히 살면 됩니다.

만동자처럼 유물론, 무신론, 유신론, 쾌락주의, 도덕부정론 등을 따지기보다, 그것을 모두 부정하고 중도(中道)를 말씀하신 부처님처럼 우리 스스로 짓고 받는 것, 즉 자업자득이자 인과(因

果)뿐이라는 점을 자각하시기 바랍니다.

자작자수(自作自受), 내가 지은 것을 받는다는 생각을 늘 가지고 생활을 해야 합니다. 그래서 내가 바로 부처님이라는 마음 가짐으로 살아가야 하는 겁니다.

天地(천지)가 與我同根(여아동근)이요,
萬物(만물)이 與我一體(여아일체)라.

하늘과 땅이 모두 나와 한 뿌리요,
만물이 나와 같은 한 몸이다.

_ 승조(僧肇) 법사, 『조론(肇論)』

내가 바로 우주를 창조하는 당체(當體)라는 생각을 해야 합니다. 거기에서 대승불교가 싹 트고, 남을 위하는 보살불교가 구현되는 것입니다.

- 서울 조계사 초하루 법회 법문 중, 2019. 5. 18

김제 모악산 금산사 석등(보물

한생 잘사는 법

축원, 기도, 염불하는 이유는 모두 잘살고, 행복하기 위해서입니다. 이때 잘살기 위한 조건 중 가장 중요한 건 '남과 비교하지 않는 것'입니다. 잘살지 못하고 있다는 생각은 '비교'하기 때문에 생기는 겁니다.

비교하지 말라는 건 결국 '삶을 스스로 당당하게 살라'는 말입니다.

금생에 주어진 환경에 맞추어 자기 업장을 녹이다 보면 언젠가 환한 날이 옵니다. 구름 잔뜩 끼어 비가 오는 날이 있더라도 개이면 햇빛이 내리쬐는 건 당연한 이치입니다. 그런데 아직 업장이 녹지 않은 상태에서 남과 비교하는 건 옳지 않습니다.

기다려야 합니다. 그런데 늘 하는 밥도 뜸이 들어야 맛있다는 걸 알면서 그게 잘 안 되는 이유는 무엇일까요? 바로 '욕심' 때문입니다.

우린 먼저 『천수경』을 독송하며 십악참회(十惡懺悔)를 해야 합니다. 참회해야 할 열 가지 악한 행위란 바로 살생, 투도, 사음, 망어, 기어, 양설, 악구, 탐, 진, 치입니다. 이것이 『천수경』이 전하는 행복의 방법입니다.

어리석은 사람은 있는 것을 없다고 하고, 없는 것을 있다고 말합니다. 또 이 말 했다 저 말 했다 하기도 하고, 나아가 말로써 이간질하기도 합니다.

구시화문(口是禍門)이라, 입은 재앙을 불러들이는 문이라 했습니다. 화의 근원 덩어리이지요. 그래서 우리는 선한 말을 하고, 악한 말은 하지 말아야 합니다.

그리고 생각[意]으로 짓는 탐·진·치에 대해 주의해야 합니다. 욕심내지 않고 자기 분수껏 사는 것은 '탐'이 아닙니다. 자기가 노력한 만큼의 대가를 받는 것은 그런 게 아니지요. 그 욕심을 스스로 선한 방향으로 바꾸면 자비로운 보시가 됩니다. 이는 대승보살의 최고 덕목입니다.

또 진심(嗔心)을 없애고, 자비를 베풀며, 어리석은 생각을 하지 않으면 삶 속에서 헛된 일을 하지 않습니다. 도박이나 마약, 투기 등등은 모두 어리석은 생각, 즉 치심(癡心)에서 하는 거지요.

정당한 게 아니면 하지 말아야 하고, 그런 어리석은 생각을 하지 않으면 자연스레 불선한 행위로부터 멀어집니다. 그래서 십악참회를 하는 것 자체가 바로 잘사는 법입니다.

한편 그것을 반대로 행하면 '십선업(十善業)'이 됩니다. 이를 행할 때 우린 세상에서 가장 행복한 사람이 됩니다. 다시 말해 '어떻게 하면 잘살 수 있는가?'에 대한 답이 바로 여기에 있는 것입니다.

보살은 육바라밀을 행한다고 했습니다. 그것은 결국 십선업과 같습니다. 몸으로 짓는 세 가지 악업, 입으로 짓는 네 가지 악업, 뜻으로 짓는 세 가지 악업을 삼가야 합니다. 그것이 복을 받고 행복하게 잘살기 위한 유일한 길입니다.

이 열 가지 악한 행위는 남에게 해롭지만, 자신에게도 해롭다는 걸 명심해야 합니다.

남과 비교하지 않는 삶

열 가지 악한 행위를 참회하면서 가장 먼저 해야 할 게 남과 비교하지 않는 겁니다. 비교할 게 없습니다. 내 삶은 내가 사는 겁니다. 화중지병(畵中之餠)이라, 그림 속의 떡일 뿐입니다. 그림 속에

떡을 아무리 많이 그려도 그건 진짜 떡이 되지 못합니다. 그림 속의 떡은 옆에 놓인 개떡만도 못한 것입니다.

스스로의 삶을 영위해야 합니다. '나'라는 존재가 태어나 이 모습을 가지고 한평생 살았는데, 그 모습대로 편히 잘살면 됩니다. 잡아당긴다고 될 일도 아닙니다. 그러므로 비교치 말고 메주를 쒀서 매달아 놓듯 기다려야 합니다. 그러면서 해야 할 것은 십악을 참회하는 겁니다. 그럼 '나'는 아름다워집니다. 금생에 인물 곱게 타고나신 분들은 더 고와지는 것이고, 인물은 조금 빠질지 몰라도 마음이 편해지면 인상이 고와져 부드러운 사람이 됩니다. 이것이 성불하는 것 아닐까요?

- 서울 조계사 신중기도입재 법문 중, 2021. 5. 12

모악산의 가을 길

인연과 윤회의 지혜

우리는 매해 동지를 맞이하면서 새로운 한 해의 시작이라 여기곤 합니다. 음양가(陰陽家)에서는 동짓달을 그 해 첫 달로 여기는데, 그래서 '자월(子月)'이라 합니다. 십이지간의 첫 간지이지요.

한편 입춘을 일 년의 시작이라 하기도 하는데, 동지가 지나고 입춘이 오면 '아이고, 한 살 더 먹었다'라고 많이들 생각합니다.

그런데 사실 시간상 정해진 시작과 끝은 없습니다. 그저 돌고 도는 것일 뿐이지요.

인생도 그렇습니다. 우리가 이곳에 와 다시 온 곳으로 돌아가고, 또다시 오는 거죠. 그래서 우리 옛 조상들은 누군가 사망하시게 되면 '돌아가셨다'는 표현을 썼습니다. 지혜로운 표현입니다.

돌고 도는 인생

'환지본처(還至本處)'•, '부모미생전 본래면목(父母未生前 本來面目)'••이라 했습니다. 내가 나이 들었다고 해도 그걸 억울하게 생각하실 필요가 없습니다. 나이 들었다는 건 평생 잘살았다는 의미이기도 하고, 조금 있으면 다시 태어날 수 있다는 의미이기도 합니다. 다시 인연 있는 곳으로 돌아가는 거지요. 그런데 그 돌고 도는 인생 속에서 우린 그 대상이 무엇이든 수없이 집착합니다. 그러다 보면 쉽게 말해 망신당합니다. 특히 나이 들수록 내려놓아야 합니다.

노쇠할수록 정신은 흐려지기 마련입니다. 그런 가운데 자기 것이라고 계속 가지고 있으려 하다 보면 문제가 생기기 마련이죠. 부처님께서 말씀하시길 집착하지 말라 하셨습니다. 바로 무상입니다.

『계초심학인문(誡初心學人文)』에 이런 말이 있습니다.

• '본래 온 곳으로 되돌아간다'.

•• '부모님도 존재하기 이전의 나의 본질이란 무엇인가'.

破車不行(파거불행)이요 老人不修(노인불수)라.

깨진 수레는 굴러갈 수 없고, 나이가 들면 수행할 수 없다.

나이 들면 몸은 말을 듣지 않고, 힘들고, 피곤합니다. 그러니 젊어서 수행을 열심히 해야 합니다. 평생 일하고, 자식 키우고, 더 시간이 흘러 손주도 키우고… 그렇게 살다가 문득 뒤돌아보면 이미 나이는 먹을 만큼 먹고, 나를 위해 해놓은 게 별로 없다는 걸 깨닫습니다. 사는 일을 완전히 내려놓을 수 없는 우리 중생이지만, 먹고 사는 일 외에도 중요한 것을 나름대로 열심히 해야만 합니다. 언제 어떤 일이 있을지 우린 알 수 없으니까요.

베푸는 삶은 큰 부자를 만든다

또 돌고 도는 인생 위에 만나는 인연들을 잘 풀어 나가야 합니다. 척진다든지, 빚진다든지 하면 언젠가 다 갚아야 합니다. 이건 우주 자연의 법칙입니다. 그저 눈 가리고 아웅 하는 식으로 넘어가면 끝이라 생각하는 건 천하의 바보나 할 짓입니다.

부처님께서 말씀하시길 부자가 되고 싶고, 대접받고 싶다면,

나아가 인격이 훌륭한 사람으로 다시 태어나고 싶다면 팔정도(八正道)를 잘 닦고, 육바라밀을 잘 행하라고 하셨습니다. 그런데 여러 신도는 부처님이나 스님들 말씀을 자기 편한 대로 적당히 생각하고, 자기한테 유리한 것만 지키려고 합니다. 남에게 베푸려고 하면 '나 쓸 것도 없는데…'라는 식으로 생각하지요. 그러니까 큰 부자가 되지 못하는 겁니다.

예로부터 작은 부자는 근면으로부터 나온다고 했습니다. 아끼고, 절약하고, 그러다 보면 작은 부자가 될 수 있습니다. 하지만 큰 부자는 하늘이 내립니다. 그건 그만큼 오래 돌고 돌면서 적선해야 한다는 의미입니다.

『주역』에 '적선지가 필유여경(積善之家 必有餘慶)'이라는 말이 있습니다. '남을 돕고 베푸는 집안에는 반드시 남은 경사가 있다', 즉 사필귀정(事必歸正)인 것입니다. 그런데 우리는 이러한 보시하고 베푸는 삶을 잠깐잠깐 잊어버리곤 합니다.

우리가 간과하는 것

전국의 여러 훌륭한 스님들이 부처님께서 남기신 법문, 가르침에 대해 늘 대신하여 전해 주시지만, 더 나아가 신도분들이 스스로

'복'과 '지혜'를 닦아야 합니다. 어느 한 쪽이라도 부족해선 안 됩니다.

복이 많다고 하더라도 지혜가 없으면 어리석은 자라며 남에게 손가락질당합니다. 반대로 지혜는 있는데 복이 없으면 궁상떠는 것과 매한가지입니다. 체면을 유지할 수 없어요. 그래서 '복혜쌍수(福慧雙修)'● 란 말이 있는 겁니다.

초하루, 보름 등의 특정한 날을 맞아 부처님께 기도를 올리는 건 복을 구하는 것입니다. 그리고 스님들의 법문을 듣는 건 지혜를 구하는 일이지요. 이 두 가지 중 어느 한 가지라도 결여되면 안 됩니다. 이러한 두 가지를 모두 갖춘 분이 바로 부처님입니다. 복과 지혜를 모두 구족하신 분이라 해서 부처님을 "양족존(兩足尊)"이라 일컫는 것입니다.

그런 부처님께서 무소유, 무상을 얘기하신 건 바로 여러분들이 잘살 수 있는 방법을 말씀하신 겁니다. 그런데 우린 자기에게 유리한 것만 받아들이고 나머지는 실천하지 않습니다.

우리는 사무량심(四無量心)●● 을 갖추어야 합니다. 자(慈)·비

● '복과 지혜를 함께 닦음'.

●● 모든 중생에게 즐거움을 주고 괴로움과 미혹을 없애주는 자(慈)·비(悲)·희(喜)·사(捨)의 네 가지 무량심.

(悲)·희(喜)·사(捨), 이 네 가지를 갖추어야 하는데, 보통 신도분들은 이 중 '희'와 '사'는 자기와 관련이 없다고 생각합니다.

많은 분들이 전국의 사찰을 찾으면 자비를 주관하는 관세음보살님만 찾아요. 희사를 주관하는 대세지보살님을 향해 기도하는 분은 찾아보기 힘듭니다.

관세음보살님과 대세지보살님은 아미타 부처님의 양대보살입니다. 그래서 자·비·희·사가 있는 거지요.

자비는 자신의 고통을 가져가고 복을 달라는 것이고, 희사는 남을 평등하게 보고 보시해야 한다는 겁니다. 자비와 희사는 언제나 같이 있어야 하는 거지요.

그런데 우리는 자비만을 강조하다 보니 관음 기도처는 있어도 대세지 기도처는 별로 없습니다. 그게 나쁘다는 건 아니지만 균형을 맞추어야 합니다.

오직 지금뿐

이 세상은 돌고 돕니다. 우주 전체는 물론, 인생도 돌고 돌지요. 이것을 부처님께서는 윤회라고 말씀하셨습니다. 이 윤회 속에 부부, 부자, 형제간의 만남이 있습니다. 그리고 회자정리라, 만난 사람은 헤어지기 마련이요, 또한 거자필반이라, 간 사람은 또 반드시 돌아오는 법입니다. 그러므로 우리는 인연을 잘 지어야 합니다. 특히 가장 가까운 분들과의 인연을 말입니다. 서로 미워할 일은 가까운 사람 사이에 생기기 마련입니다. 가깝지 않은 사람을 미워할 일은 거의 없죠.

'나는 저 사람만 보면 기분이 나빠서 하루가 편치 않아!' 이것도 전생에 나름 이유가 있는 겁니다. 우린 그걸 풀어야 합니다.

윤회의 원동력은 우리가 지은 업입니다. 인과 윤회는 부정할 수도, 피할 수도 없는 진리입니다.

한번은 부처님께서 등창이 나신 적이 있습니다. 그때 말씀하시길, 전생에 당신이 지은 업이 다 녹지 않아서 병을 앓는 것이라고 하셨지요. 그런데 하물며 우리가 인과 윤회를 피할 수가 있겠습니까? 그러니 부부지간에, 고부지간에, 부자지간, 형제지간, 친구 간에 절대 잘해야 합니다. 그래서 그런 인연이 순숙되면 바로 성불까지 가는 것입니다.

다음과 같은 선시가 있습니다.

三界猶如汲井輪(삼계유여급정륜) 하니
百千萬劫歷微塵(백천만겁역미진)이로다.
此身不向今生度(차신불향금생도) 하면

更待何生度此身(갱대하생도차신)이로다.

_『석문의범』

삼계는 우물과 같습니다. 우물 속 두레박이 계속 오르락내리락하며 물을 퍼 담듯, 우주 전체는 나고 죽는 것을 반복한다는 겁니다. 그래서 금생에 나를 제도하지 않는다면 어느 생에 각성하여 다시 제도할 것인가. 그러므로 부처님께서 전하신 수행법을 지금 열심히 하라는 겁니다.

여러분이 돌아가신 조상들을 천도하고, 자손을 위해 기도하고 염불하는 게 전부 이 이치에 맞물려 있는 것이지요.

부모님께서 나를 낳아 주셨고, 내가 나의 아들, 딸을 낳았지만 그 아들, 딸한테서 내가 다시 태어나는 겁니다. 저세상에 갔다가 오실 때 누구한테서 태어나실 겁니까? 우리가 태어날 때 하늘에서 동아줄을 타고 내려오진 않습니다. 누군가 인연 있는 분을 통해 다시 태어나야 합니다. 나의 부모가 이미 돌아가시고 어딘가 다시 사람 몸을 가지고 태어나 그 몸에서 다시 태어나는 거예요.

부모님, 나, 내 자식의 순서가 서로 뒤바뀔 수도 있죠. 그런 의미에서 금생에 우린 역지사지(易地思之)해야 합니다. 고부지간에 싸우는 것 같이 어리석은 일이 없어요. 입장이 뒤바뀔 수 있으니까요.

올해 찾아온 동지는 내년에 또다시 찾아올 겁니다. 그처럼 우리 인연도 서로 돌고 돕니다.

그 가운데 우린 복을 짓고, 불사에도 참여하고, 기도·염불을 하고 스스로 잘 닦아서 성불할 수 있도록 매진해야 할 것입니다.

- 서울 조계사 동지 3일 기도 회향법회 법문 중, 2018. 12. 22

가을볕이 비친 김제 모악산 금산사 혜덕왕사탑비(보물)

부처님의 가피가 있기에 우리가 존재합니다

불자들은 항상 부처님께 귀의하고, 참회해야 합니다. 또 발원을 세워야 하고, 부처님 법을 찬탄해야 합니다.

큰스님들께선 신심을 가지고 귀의하되, 부처님께 귀의하는 것은 지심귀명례(至心歸命禮)하는 것이므로 목숨을 다 바쳐서 하는 것이라 하셨습니다. 부처님은 삼계도사(三界導師)이시고, 사생(四生)의 자부(慈父)이시며, 인천에 가장 큰 스승이시기 때문입니다.

가야산 성철(性徹, 1912~1993) 큰스님께서는 늘 법문하실 때 '부처님보다 더 훌륭한 분이 있다면 언제든 그분을 찾아가겠다' 라고 말씀하셨습니다. 이는 바로 큰스님께서 그만큼 부처님을 위대하게, 삼계의 대도사로 보시고 지심귀명례하셨기 때문이라고 생각됩니다.

또 부처님의 모든 공덕을 찬탄해야 합니다. 부처님께서 무소불위(無所不爲)의 큰 공덕이 있다는 것을 우리는 늘 찬탄해야 합니다. 그래서 불보살님의 가피력이 위대하다는 것을 늘 마음속에 새기며 살아야 합니다.

우리 모두 자성불(自性佛)이지만 평소 숨을 들이쉬고 내쉬고 하는 모든 일에 제불보살님의 가피가 서려 있습니다. 그래서 오늘도 아침 일찍 법당에 올 수 있었습니다. 법당 오는 것을 방해하는 마장(魔障)이 조금이라도 있었다면 여기에 오지 못했을 겁니다. 가족 중 누군가 아프다든지 급작스런 별의별 일이 생기게 되는 것입니다.

이렇듯 불보살님의 가피에 우리가 하루하루 살아가고 있음을 알고 부처님의 공덕을 찬탄해야 합니다. 부처님 공덕이나 불보살님의 가피가 아니면 우리는 어려운 일을 얼마든지 겪을 수 있고, 더 힘들게 살 수밖에 없습니다. 다만 우리가 기도 정진하고 부처님께 귀의한 공덕으로 그러한 마장을 이길 수 있게 되는 것입니다.

또한 부처님께 참회해야 합니다. 지금까지 지어온 모든 업장이 소멸하도록 참회하는 마음을 가져야 합니다.

부처님 전에 기도 정진하며 불보살님 앞에서 뜨거운 눈물을 흘려 보지 않은 사람은 진정한 참회의 의미를 알 수 없습니다. 그렇다고 비마(悲魔)●에 빠져 늘 울고 있으라는 얘기는 아닙니다만,

● 슬픔에 젖는 마장.

그런 과정을 겪어서 진심으로 부처님 앞에 뜨거운 눈물을 하염없이 쏟고, 부처님께 자기의 원(願)을 발원해야 해요. 그런 참회의 과정을 거친 것이야말로 진정한 원입니다. 그렇지 않고 발원을 세우면 자기에게 맞지 않는 원을 세울 수도, 과분한 원을 세울 수도 있습니다.

성취되는 발원이란 성취될 수밖에 없는 원을 세우는 것입니다. 또 성취엔 시간과 노력이 필요합니다. 무엇이든 다 시절인연과 만나야 하고, 때가 되야 하는 것이지 억지로 되는 게 아닙니다.

특히 큰 원일수록 시간과 노력이 필요합니다. 물론 작은 원은 빨리 이루어질 수 있지요. 그런데 우리가 작은 원을 세워서야 되겠습니까? 정당하고도 큰 발원을 세우기 위해서는 부처님께 귀의하고, 부처님 법을 찬탄하며, 부처님께 지극한 마음으로 참회하고, 발원을 세워야 됩니다.

마장을 극복해야 대도(大道)를 이룬다

제가 속리산 법주사에 처음 출가했을 때 관음전에서 지극 정성으로 늘 참회하던 스님이 한 분 계셨습니다. 그분은 지난 20여 년간 하루 3천 배씩 참회를 드렸습니다. 그분이 참회하던 마룻바닥이 패여서 지금도 관음전에 가면 그분이 참회했던 자리가 남아 있지요.

여러분은 어떠십니까? 하루에 3천 배씩 20년 동안을 한다고 생각해 보십시오. 물론 할 수 있다고 쉽게 답할 수 있습니다만 결코 쉽지 않습니다. 하다 보면 몇 배 했다는 개념이 없어지죠. 새벽부터 시작하면 밤늦도록, 그냥 그렇게 단 몇 시간 주무시면서 참회를 합니다. 그런 가운데 또 많은 마장이 생겨요. 그 마장을 잘 극복해야 합니다. 지혜롭게 그걸 잘 이겨낼 수 있는 힘을 가져야 해요.

제가 철야 기도할 때 느끼는 겁니다만 법당에, 천장에 조그마한 흙덩이 하나 떨어지는 소리가 천둥 치는 소리보다 더 크게 들릴 때가 있습니다. 엄청나게 큰 진동으로 공포를 엄습하는 그러한 경우도 있고요. 이런 조그마한 마장이나 시험, 이런 것은 전부 자기 마음에서 나오는 것이겠지만 그런 과정을 잘 이겨야 합니다. 그런 것을 제대로 다스리지 않고, 경험하지 않고, 그저 사상누각(沙上樓閣)으로, 모래 위에 집을 짓는다고 하는 것은 어불성설입니다. 있을 수 없는 일이죠.

한편 신도, 스님, 다 그런 건 아니지만 그중에 봄여름 남들 열심히 일할 때 딴청부리다 사람들 가을 추수하러 갈 때 낫 들고 나가면 따라 나가는 분들이 있어요. 자기가 봄여름에 가꾼 게 없는

데 무얼 베러 나가겠습니까? 가을에 추수를 하려면 봄여름에 열심히 해야죠. 하지도 않고 가을에 남들이 추수하러 간다고 망태 쥐고 따라 나가면 볼 일이 있겠습니까? 그런 어리석은 삶을 살아서는 안 됩니다.

우리가 기도하고 염불하고 할 때 오는 모든 마장들을 이겨낼 수 있는 힘이 있어야 합니다. 믿음이 있어야 합니다. 그래야 밀고 나갈 수 있는 것입니다. 겪어 본 분들은 다 아는 사실입니다.

비마나 희마(喜魔)● 나, 계속 슬퍼서 눈물을 흘릴 수도 있고 기뻐서 싱글싱글 웃을 수도 있고, 화장실을 가도 향내가 계속 날 때도 있고, 헤아리기 어려울 정도로 시험이 따르는 게 우리 삶입니다. 그걸 극복해내야 해요. 환청이 들리기도 하고, 누가 부르는 소리도 들리기도 하고, 천상의 소리도 들리고, 그러한 것들을 잘 이겨내야만 대도를 성취할 수가 있습니다. 그래서 늘 부처님께 귀의하고, 부처님 법을 찬탄하며, 부처님께 참회드리고, 발원을 세워야 합니다.

그런 과정을 겪어서 세우는 기도, 그러한 신행으로 이루어진 원은 성취되지 않을 수 없습니다. 그런데 말씀드린 대로 노력하지도 않고 그저 남들이 오니까 같이 왔다가 적당히 밥 한 끼 먹고

● 기쁨에 빠지는 마장.

집에 가고, 그러고서 가을이 돼 남들 추수하러 갈 때 같이 낫 들고 가야 무얼 추수하겠습니까? 자기가 심어놓은 게 없는데요.

콩 심는 데 콩 나고, 팥 심은 데 팥 난다는 진리를 우리는 명심해야 합니다.

- 서울 국제선센터 생전예수재 법문 중, 2020. 6. 25

김제 모악산 금산사 오층석탑(보물)과 방등계단(보물)

관음기도의 진정한 의미

관세음보살님은 과거에 이미 성불하신 부처님입니다. 잘 아시는 『관음삼매경(觀音三昧經)』 같은 경전을 보면, 부처님께서 관세음보살님을 "정법명여래(正法明如來)"라 설하셨습니다. 석가모니 부처님의 스승이시면서 이미 구원겁전에 성불하신 부처님이신데, 대원력으로 우리 중생을 다시 제도하시기 위하여 보살로서 한 단계 내려오신 거지요. 그렇기 때문에 관세음보살님은 이미 성불하신 부처님의 화현(化現)입니다.

관세음보살님에 관해서는 여러 경전에 많이 언급되어 있습니다.

잘 아시듯 『화엄경』 「입법계품」에 선재동자가 구법 여행 가운데 27번째로 참배하는 선지식이 바로 관세음보살님입니다. 또 『법화경』 「관세음보살보문품(觀世音菩薩普門品)」에는 관세음보살님께 지극 정성으로 기도하면 일곱 가지 큰 액난, 즉 바람, 물, 불, 도적이나 감옥, 칼, 업 많은 귀신이나 나찰로부터 우리를 보호해 주신다고 말씀하셨습니다.

그리고 『수능엄경(首楞嚴經)』에 관세음보살님은 중생의 근기에 따라 32가지 몸으로 나타나 구제하신다고 하셨습니다. 그런 관세음보살님의 위신력을 표현한 것이 과거 도갑사에 모셔진 〈삼십이관음응신도〉입니다. 지금은 일본 지온인[知恩院]에 모셔진 불화입니다. 이 그림에 묘사된 것처럼 지금도 늘 관세음보살님은 염불하는 우리 불제자들에게 많은 도움을 주고 계시며, 그 자비의 손길이 미치지 않는 곳이 없습니다.

부처님께서 말씀하시기를 부처님의 원력은 바늘 끝 하나 꽂을 정도 되는 데까지도 전부 미치지 않은 곳이 없다고 말씀하셨습니다. 처처(處處)가 불상이요, 처처가 다 성지인 것입니다.

업을 녹이는 기도

어느 분께서 제게 이런 질문을 하신 적 있습니다. '생로병사 속에서 윤회하는 우리는 왜 관세음보살님께 기도해야 하나요?'

태어나고 죽고 하는 것을 우리는 늘 영단(靈壇)•에 법문합니

• 망자의 위패를 모시며 기도해드리는 단.

다. 그 법문은 우리가 살아 있을 때엔 귀가 어둡고, 글자가 기억이 안 나 잘못 알아들을 수 있어요. 그런데 나중에 우리가 육신을 떠나 영가가 되면 지혜가 밝아져서 글자를 잘 모르는 분들도 다 알아듣게 됩니다. 영가는 49일 동안 중음신(中陰身)• 으로 있고, 영가를 향한 기도로 좋은 업을 받아서, 세상이 무상하니 다음 생을 받아서 가라고 일깨워 주는 겁니다. 부모가 되었든, 조부모가 되었든 이제 생을 마쳤으니 좋은 곳으로 다음 생 잘 받아서 가시라는 거지요.

갑자기 돌아가신 분들은 죽음을 잘 수긍하지 못해 안 가려고 한답니다. 하지만 가야 합니다. 그래서 남아 있는 사람들이 부처님 말씀 듣고 좋은 곳으로 가시길 기도합니다. 안 그러면 떠돌이가 돼요. 받을 업은 받고, 이다음에 윤회하도록 되어 있는 겁니다.

이런 말씀 드리면 몇몇 신도분들은 윤회가 정말 있습니까, 없습니까, 이렇게 묻지요. 있다 해도 맞고, 없다 해도 맞습니다.

하늘에 해가 있습니까, 없습니까? 어디에 있어요? 지금 보이지도 않는데, 그러니까 그 말이나 이 말이 같은 겁니다. 서양식의 흑백논리에 빠지지 마세요. '있다고 해도 맞고, 없다고 해도 맞다.', '있다고 해도 틀리고, 없다고 해도 틀리다.' 이렇게 얘기할 수

• 사람이 죽은 뒤 다음 생을 받을 때까지의 상태.

있는 거예요.

해탈(解脫)을 한 경지에는 생사가 없습니다. 그러나 생사를 면치 못했을 때는 윤회가 있는 거예요. 이 세상에 자기 스스로가 오고 싶어 오신 분들은 보살의 화현입니다. 그런 분들에게는 생사가 없죠. 그러나 그렇지 못한 분들은 다 업에 얽혀 있습니다. 그러므로 업을 잘 받고, 잘 녹여야 합니다.

업을 녹인다는 게 무슨 의미입니까? 『천수경』에서 늘 말씀하십니다. 십악참회, 이것이 바로 업을 녹이는 겁니다. 우리 불자들이 늘 하는 거예요.

생사 가운데 소소영영(昭昭靈靈)한 한 물건

법당에 들어와 절을 하거나 염주를 굴리는 등 그 하나하나로 얼마나 많은 업장이 녹아내리는지 우린 잘 모릅니다. 손이 떨려도 염주 알을 돌리고, 하물며 법당 안에서 졸더라도 스님 법문 들으시면 업장이 녹아내리는 거예요.

영단에 많은 법문을 하지만 가장 기억에 남는 게 있습니다. 『석문의범(釋門儀範)』에 이런 말이 나옵니다.

生從何處來(생종하처래)

死向何處去(사향하처거)

生也一片浮雲起(생야일편부운기)

死也一片浮雲滅(사야일편부운멸)

浮雲自體本無實(부운자체본무실)

生死去來亦如然(생사거래역여연)

獨有一物常獨露(독유일물상독로)

湛然不隨於生死(담연불수어생사)

태어날 때는 어느 곳에서 왔으며

죽을 때는 어느 곳으로 가는가.

태어나는 것은 한 조각 구름이 일어난 것이고

죽는 것은 한 조각 구름이 스러지는 것.

뜬구름 자체는 본래 자체에 실체가 없으니,

죽고 사는 것도 역시 이와 같도다.

그러나 여기 한 물건이 항상 홀로 드러나

담연히 생사를 따르지 않는구나.

결국 집착하지 말라는 말씀입니다. 우리는 어디서 태어나고, 어디로 가는가. 태어남은 한 조각 구름이 일어나는 것과 같고, 간다고 하는 것은 한 조각 구름이 흩어지는 것과 같습니다. 본래 '뜬 구름'이라는 것은 실체가 없습니다. '부운' 자체가 원래 실체가 없으니 '생사거래' 또한 이와 같은 것입니다. 그리고 가고 오는 것 역시 이와 같다는 겁니다. 그런데 그중 하나, 아주 소소영영(昭昭靈靈)한 물건이 있으니 이것이 바로 '담연불수어생사'라, 생사에 빠지지 않는 불성(佛性)인 거예요.

스님들이 염불을 통해 전하는 이러한 말씀을 우리는 잘 못 알아듣지만, 영가들은 잘 알아듣습니다. '실체가 없다', '이게 무상하다', 바로 무상법문(無常法門)입니다. 이런 무상한 인생이지만 또 살아 있을 때는 잘살아야 해요. 잘살기 위해 관음보살님께 기도하는 것입니다.

- 서울 조계사 관음재일 법회 법문 중, 2015. 11. 5

김제 모악산 금산사 부도전의 가을 풍경

우란분절(盂蘭盆節)과 효(孝)의 의식(儀式)

7월 백중은 선망부모와 일체 유주무주 고혼들을 천도하는 천도재일입니다. 잘 아시다시피 부처님 당시 목련 존자의 어머니께서 평소 존자의 가르침대로 수행하지 않고 삿된 법[邪法]을 믿어 큰 허물을 저지르게 되었습니다. 이로 인해 지옥에서 고통받던 어머니를 구제하기 위하여 목련 존자가 천도의식을 집행하면서부터 백중 천도가 시작되었다고 합니다.

그런데 큰스님들께서 늘상 말씀하셨지만, 부모, 형제 그리고 먼저 가신 조상들과 유주무주 고혼들을 천도하면 재의 공덕 반절 이상이 재를 지내는 이들에게 돌아간다고 하셨습니다. 그 이유는 무엇일까요?

여러분들이 지금 가장 사랑하는 사람은 누구입니까? 여러분들의 자식입니다. 그런데 여러분들도 누군가의 자식이었습니다. 그런 이유로 여러분들을 가장 사랑했던 분들이 누구십니까? 바로 여러분들의 부모님이십니다. 그런 지극한 인연으로 다음 생에도 다시 만나게 됩니다. 다시 말해 몸을 바꿔 다음 생에 다시 태어날 때 누구를 의지해서 다시 태어나게 되는가, 바로 우리 부모님입니다. 그런 이유로 우리가 잘되려면 우리 부모님이 먼저 잘된 곳에 계셔야 합니다. 그러므로 먼저 가신 부모님들 좋은 곳에 가 계시라고 천도재를 지내 드리는 거예요.

부처님 당시의 일화들을 살펴보면 부처님도 자기 부모님에 대한 효가 지극했음을 알 수 있습니다. 부처님께서는 어머니인 마야부인을 위해 하늘나라에 올라가서 3개월간 설법을 하셨습니다. 또 아버지인 정반왕께서 열반했을 때에는 직접 고향에 찾아가서 상여를 매고 함께 상을 치르셨지요.

부모님의 아침, 저녁을 지어드리는 일은 소효(小孝), 작은 효도이고, 부모님이 발심해서 성불하도록 이끌어 주는 건 대효(大孝), 큰 효도입니다. 우리 스님들이 출가해 계시지만 방법이 달라서 그렇지 큰 효를 위해 작은 효를 희생하는 거지요.

여법한 효의 의식

부처님께서 설하신 효의 가르침은 『부모은중경(父母恩重經)』에 잘 담겨 있습니다. 그리하여 우리가 조석으로 염불할 때에도 부모님의 열 가지 큰 은혜를 이야기합니다.

첫째, 나를 품고 지켜 주신 은혜(懷耽守護恩).
둘째, 나를 낳으심에 고통을 이기신 은혜(臨産受苦恩).
셋째, 자식을 낳고 근심을 잊은 은혜(生子忘憂恩).
넷째, 쓴 것을 삼키고 단 것은 먹이는 은혜(咽苦吐甘恩).
다섯째, 진자리 마른자리 가려 누이는 은혜(廻乾就濕恩).
여섯째, 젖을 먹여서 기르는 은혜(乳哺養育恩).
일곱째, 손발이 닳도록 깨끗이 씻겨 주시는 은혜(洗濁不淨恩).
여덟째, 먼 길을 떠날 때 걱정하시는 은혜(遠行憶念恩).
아홉째, 자식을 위해 나쁜 일까지 짓는 은혜(爲造惡業恩).
열째, 자식을 끝까지 불쌍히 여기고 사랑해 주신 은혜(究意憐愍恩).

우리는 이러한 은혜를 다 받고 자랐기 때문에 그것에 대해서 깊이 생각하고 감사해야 합니다.

어느 날 새벽녘에 잠을 설치다가 꿈을 꿨는데 속가 모친께서 옥색 치마저고리를 입고 어딜 다녀오겠다고 나가시는 꿈을 꿨습니다. 꿈에서 깨니 아흔 되신 모친 걱정에 겁이 덜컥 나는 겁니다. 한 번이라도 더 찾아뵈어야 했는데 바쁘다고 못 가 뵙고. 아무튼 동틀 무렵 전화를 했더니 받으셔서 안심하고, 다음날에는 노모 가까이에 있는 동생에게 전화를 해 보니 모처럼 나들이 가자고 그러셔서 모시고 여행 나왔다는 소식을 들었습니다. 그런 이야기를 접했는데도 걱정이 앞서더군요.

우리가 백 년, 2백 년을 산다한들 부모님 가시는 데 서럽지 않을 사람은 없습니다. 그러니 살아계실 때 잘해야 하고, 만일 잘못하셨다고 하면 지금 이웃 노인 분들께 잘해야 그 복이 다 먼저 가신 부모님께 돌아갑니다.

내 부모, 네 부모가 따로 없습니다. 그래서 우리가 나를 낳아 주신 부모님뿐만 아니라 유주무주의 모든 노인을, 부모님을 공경할 때 그 복이 나에게는 물론 나의 부모님, 그리고 나의 자식들에게 간다는 걸 잊지 마십시오. 그러니 제사를 한 번 지내도 여법(如法)하게 지내야 하는 겁니다.

천도재에 담긴 대승의 가르침

여러분들이 가장 젊었을 때 가장 하기 어려운 일이 무엇이었나요? 20살 전후 해서 가장 힘든 건 부모의 슬하를 떠나는 겁니다.

부모를 떠나서 학교를 간다든지, 아니면 군대를 가는 게 얼마나 힘든가 하는 것을 알 겁니다. 그런데 스님들은 그 시기 발심해서 평생 부모 곁을 떠나 출가합니다. 물론 나 혼자 호의호식하며 살려고 출가하는 건 아닙니다. 열심히 수도해서 나를 제도하고, 나의 가족과 이웃들을, 나아가 모든 중생을 구제하겠다고 하는 큰 서원을 세우고 출가하시는 거예요.

결국 천도재에 응축된 효는 대승불교의 핵심 가르침에 닿습니다. 쉽게 표현하면 남을 위해 살아가야 한다는 게 대승불교의 가르침이니까요.

예전에 잠깐 텔레비전을 보니 중국 오지에 사는 티베트 민족 할머니 몇 분이 계속 마니차를 돌리니까 우리나라 여행객이 무엇을 기도했느냐고 물었어요. 그러니까 그 할머니들이 우리 국민의 행복을 위해 기도했다 하는 거예요.

중국 오지에 사는 시골 노인도 자기 자식, 자기 집안만을 생각하지 않습니다. 더불어 잘사는 게 중요한 거지요. 이걸 우리가 철저히 깨닫고 실천해야 합니다.

지금까지 이야기한 것은 우리들이 기본적으로 가져야 할 덕목입니다. 그러므로 부모, 형제는 물론 선망부모들, 나아가 유주무주의 고혼들, 나라를 위해 싸우다 돌아가신 선조들 등 모든 분들께 내 마음을 평등하게 가져야 합니다.

- 서울 조계사 백중·하안거 기도 법문 중, 2019. 8. 15

눈 내리는 김제 모악산 금산사 풍경

가장 기본이면서 어려운 것

부처님께서는 우주 삼라만상이 마음으로부터 일어난 것이라 하셨습니다. 그래서 '일체유심조(一切唯心造)'라 말씀하시지요. 모든 것은 마음으로부터 생기고, 마음으로부터 멸한다는 말입니다.

우리가 삼세 윤회를 하면서 금생에 부모님을 의지해 이 세상에 태어난 것 자체가 업에 얽힌 것입니다. 그 업을 소멸시키는 것이 바로 삼재를 풀고 모든 액난을 막기 위한 기도이지요. 그런데 이러한 기도를 성취하기 위해서는 늘 부처님께서 말씀하신 대로 사시면 됩니다.

부처님께서 뭐라고 말씀하셨습니까? '착하게 살라' 하셨습니다. 그래서 과거 일곱 부처님•께서 한 목소리로 하신 말씀이 「칠불통계게(七佛通戒偈)」입니다.

諸惡莫作 衆善奉行(제악막작 중선봉행)
自淨其意 是諸佛敎(자정기의 시제불교)

모든 악(惡)을 저지르지 말고,

모든 선(善)을 받들어 행하여라.

스스로 그 마음을 깨끗이 하는 것,

이것이 모든 부처의 가르침이다.

그런데 우리는 그렇게 살지 못합니다. 왜 그렇습니까? 욕심 때문이에요. 어떤 욕심입니까? 바로 헛된 욕심입니다.

우리 불자들은 부처님께 귀의하고, 불법을 찬탄하며, 삼세에 지은 업을 참회하고, 발원을 세워야 합니다. 이때의 발원은 욕심이 아닙니다. 정당한 발원이에요. 스스로 열심히 노력하고 그 노력만큼의 대가를 바라는 발원입니다. 그와 반대로 헛된 발원을 세우면 그건 욕심이 됩니다.

정당한 발원을 위해서는 삼세의 죄업을 참회하는 것이 우선시되어야 합니다. 그 과정에서 정당한 발원을 세워야 만이 진정한 불자라고 할 수 있지요. 그 정당한 발원을 지금 당장 세워야 합니다.

● 과거칠불(過去七佛). 지난 세상에 출현하신 일곱 부처님으로 비바시불(毘婆尸佛)·시기불(尸棄佛)·비사부불(毘舍浮佛)·구류손불(拘留孫佛)·구나함불(拘那含佛)·가섭불(迦葉佛)·석가모니불(釋迦牟尼佛)을 가리킨다.

쉽고도 깊은 가르침

여러분들 잘 아시는 법정 큰스님께선 출가하시던 날 새벽에 일어나 삭발염의하시고 『초발심자경문(初發心自警文)』●을 읽으셨다고 합니다. 우리가 불자로서 절집에서 가장 먼저 대하는 경전인 『반야심경』도 있고, 기도할 때마다 펴 보는 『천수경』도 있습니다만 법정 큰스님께서는 『초발심자경문』을 읽으신 것입니다.

우리나라 큰스님들이 쓰신 『초발심자경문』은 고구정녕 우리에게 쉬운 말로 가르침을 주신 것입니다. 스님들이 처음 출가해서 배우는 경이기도 한데, 그럼에도 30만 독은 해야 그 의미를 알 수 있다는 이야기가 있어요. 그만큼 중요하고도 깊은 가르침이란 의미입니다.

지금의 큰스님들께서도 전부 바랑에 『초발심자경문』을 넣고 다니면서 늘 수지독송하셨습니다. 여기에 담긴 가르침은 불자로서 아주 기본적으로 갖춰야 할 것들이기 때문입니다. 그럼에도 우리 불자들은 이 『초발심자경문』을 잘 이해하거나 늘 수지독송하지 못합니다. 다시 말해 기본을 무시하는 경우가 있다는 말입

● 출가 승려를 위한 필수 교재로 『발심수행장(發心修行章)』, 『계초심학인문(誡初心學人文)』, 『자경문(自警文)』을 합본한 것.

니다.

『초발심자경문』에 엮인 원효 큰스님의 「발심수행장(發心修行章)」은 부처님께서 하신 여러 말씀들을 쉽게 풀어 정리한 내용입니다. 거기에 이런 말씀이 있습니다.

> 夫諸佛諸佛(부제불제불)이 莊嚴寂滅宮(장엄적멸궁)은
> 於多劫海(어다겁해)에 捨欲苦行(사욕고행)이요,
>
> 모든 부처님과 부처님들이 적멸궁●●을 장엄하신 것은
> 오랜 세월 욕심을 버리고 고행을 하셨기 때문이요,
>
> 衆生衆生(중생중생)이 輪廻火宅門(윤회화택문)은
> 於無量世(어무량세)에 貪慾不捨(탐욕불사)니라.
>
> 중생과 중생들이 끊임없이 불난 집 같은 고통 속을 윤회하는 것은
> 한량없는 세상을 살아오면서 탐욕을 버리지 않기 때문이니라.

●● 깨달음의 완성.

모든 부처님들이 적멸궁을 장엄하는 것은 오랜 세월 동안 욕심을 버리고 수행한 까닭이고, 중생들이 삼악도(三惡道)를 헤매는 것, 육도를 윤회하는 것은 여러 생 동안 욕심을 버리지 못한 까닭이란 말씀입니다. 그러므로 우리는 과거 일곱 부처님께서 한 목소리로 말씀하신 '착하게 살아라'라는 가르침을 매 순간 순간 기억해야만 합니다.

백 년도 못 사는 세상에 천 년의 걱정

부처님들은 어떻게 성불하셨을까요? 위에서도 말씀드렸습니다만 욕심을 버리고 수행한 까닭입니다. 불자들이 사찰에서 일주일 또는 한 달씩 머무르며 열심히 수행하는데, 지금 여기 앉아 계시는 그 마음가짐 그대로 계속 수행하시면 성불할 수 있습니다. 그런데 법문 마치고 나가 신발 신으면서 먼저 가 밥부터 먹어야 된다고 달려가는 순간 욕심이 생기는 겁니다.

그렇다면 성불하기 위해선 어떻게 해야겠습니까? 욕심을 버리면 됩니다. 그중에서도 헛된 욕심을 버려야 하죠.

모든 건 다 마음이 만든다고 말씀드렸습니다. 이 마음은 집을 두 개 가지고 있어요. 그 집은 바로 진심(眞心)과 망심(妄心)입니다. 참된 마음과 거짓된 마음이 같이 있는 거죠. 그 마음은 손의 안팎과 같아서 우리는 착한 일을 할 수 있는 반면 악한 일을 하기도 하고, 욕심을 버리기도 하지만 어느 순간 욕심을 버리지 못하기도 합니다.

그런데 이런 말씀 드리면 핑계가 참 많아요. '제가 가진 모든 걸 사회에 환원하고, 자식들 다 줄 것 주고 하려는데 남은 생 또한 어떻게 살아야 하나 걱정이 많아요.' 물론 많은 걱정이 드시겠죠. 옛말에 이런 게 있습니다.

天不生無祿之人(천불생무록지인)하고
地不長無名之草(지부장무명지초)라.

-『명심보감』

하늘은 먹을 것을 주지 않고서는 이 세상에 태어나게 하지 않아요. 누구나 이 세상에 태어날 때는 자기가 먹을 것을 가지고 태어나는 것이지요. 땅에는 이름 없는 풀이 없습니다. 그러므로 걱정하지 않아도 돼요.

그런데 우리는 어떻습니까? '인생불만백(人生不滿百)인데 상회천세우(常悔千歲憂)라'. 마음이 부처이고, 마음이 부자면 되는데

백 년도 못 사는 세상에 천 년의 걱정을 하며 살고 있습니다.

『장자』에는 '직수선벌(直樹先伐)'이란 말이 나옵니다. 산에 있는 나무 가운데 곧은 나무가 먼저 베어진다는 뜻입니다. 다시 말해 유능한 사람일수록 잘난 척하고 드러내길 좋아하다가 먼저 화를 당하기 쉽다는 뜻입니다. 예부터 못생긴 나무가 산을 지킨다고, 구부정한 나무가 오래도록 산을 지키는 겁니다. 그러니 도리어 빨리 가려 하고 잘하려고 하다 보면 잘못되는 수가 있습니다.

오늘 여기 계시는 분들은 환갑, 진갑을 넘기신 분도 많고, 칠팔십을 넘기신 분도 많을 겁니다. 어찌되었든 자제분들 다 나름대로 잘 키우시고 일가를 이루신 분들이에요. 그래서 우리는 욕심 내지 말고 인연 따라 그때그때마다 꾸준히 원을 세워 발원해야 합니다.

그럼 오늘부터 어떻게 해야 할까요? 부처님 법을 따라 열심히 수행한 불자로서 착하게 살아야지요. 착하게 살지 못하는 것은 바로 나의 사소한 욕심 때문에 그렇다는 걸 마음에 새기십시오. 그 사소한 욕심 때문에 다음 생에 정말 좋은 일을 해야 하는데, 업장에 막혀서 잘못되는 것입니다. 그러므로 마음을 다잡고 착한 일을 하면서 업을 뜯어고쳐 좋은 업 받아 계속 수행해 나중에는 성불해야 합니다.

'모든 부처님이 성불하신 것은 여러 세월 동안 욕심을 버리고 수행한 까닭이요, 중생들이 육도윤회하는 것은 욕심을 버리지 못한 까닭이다'.

앞으로 이 구절을 마음에 새겨서 공부 많이 하신 분이든 그렇지 않은 분이든 가장 기본적이고 기초적인 '처음'을 잘 알았으면 합니다.

- 서울 조계사 정초7일 기도 회향법회 법문 중, 2020. 2. 2

원행 스님이 회주를 지내고 계신 열반종 총찰 진안 마이산 금당사

원행 스님이 총장을 지내신 중앙승가대학교 전경

• 이 장에 수록된 글은 원행 스님이 중앙승가대학교 총장 소임을 보신 시기부터 학인들을 대상으로 한 법문의 내용 일부를 발췌·정리한 것입니다.

학인에게

보내는

편지

踏雪野中去 不須胡亂行(답설야중거 불수호란행)

今日我行跡 遂作後人程(금일아행적 수작후인정)

눈 덮인 들판을 걸어갈 때는

어지럽게 걷지 마라.

오늘 내가 남긴 발자취는

뒷사람의 이정표가 될 것이므로.

_서산대사 혹 이양연

자비를 넓히는 마음으로 서로를 사랑하라

우리는 구도정신에 입각해 화합 승가를 이루며, 성도를 달성할 때까지 끊임없이 교학과 수행을 연찬해 나가야 합니다. 특히 '화합승가'를 이루는 데 '공심(公心)'을 가져야 합니다. 승가는 육화합(六和合)● 원칙에 입각한 공심을 가지고 함께 모여 삽니다. 그런데 이를 소홀히 하다 보면 문제가 생깁니다. 함께 더불어 공존하므로 서로 이해하고, 잘못이 있으면 탁마(琢磨)해 나가며 그 끝에 자비의 정신으로 배려해야 합니다.

스님들은 저마다 다 다릅니다. 체력 좋은 스님이 있는 반면 그렇지 못한 스님도 있고, 지혜가 밝은 스님이 있는 반면 또한 그렇지 못한 스님도 있습니다. 하지만 사람마다 꼭 한 가지는 능한 점을 가지고 있습니다. 그런 서로의 장점이 드러날 수 있도록, 그

● 부처님께서 설하신 갈등을 조절하고 화합을 이루는 길. 신화동주(身和同住)·구화무쟁(口和無諍)·의화동사(意和同事)·계화동수(戒和同修)·견화동해(見和同解)·이화동균(利和同均).

리하여 서로 잘 조화될 수 있도록 노력해야 합니다. 이것이 바로 '도반(道伴)'입니다.

도반이 되어 화합 승가를 이루는 일은 어쩌면 수행의 전부일 수도 있습니다. 여러분이 발심해 이토록 어려운 수행자의 길을 걷고 있는데, 허튼일로 대사(大事)에 퇴굴심(退屈心)• 을 내어서는 안 됩니다. 그래서 어느 날 제가 '절대 서두르지 말고, 허겁지겁하지 말라'고 말씀드린 겁니다.

수행자의 인생은 마라톤과 같습니다. 중도에서 포기하면 안 됩니다. 수행의 길은 단거리가 아닙니다. 인생이 끝까지 달려야 하는 여정인 것처럼 수행자의 길도 마찬가지입니다.

그런 시절이 흘러야만 세월의 흔적인 인생을 알 수 있습니다. 젊었을 때의 인생관은 나이가 들면서 달라집니다. 예수님같이 30대 젊은 시절에 떠나신 분과 80을 사셨던 부처님은 삶의 흔적부터 다를 수밖에 없습니다. 그래서 여러분이 성심을 가지고 끝까지 잘해야 한다고 말씀 드리는 겁니다.

한편 우리가 서로 공심을 가지고 함께 화합승으로 살지 않으면 불교가 언젠가 잘못되어 이 땅에서 사라질 수도 있습니다. 1,700년 불교의 역사를 우리가 잘못 지켜서야 하겠습니까?

• 어떤 목표를 향하지 않고 자신감이 결여되어 뒤로 물러나 스스로 굽히는 마음.

허허벌판이 된 성지

지난번 중앙승가대 총동문회 성지 순례로 중앙아시아 국가인 우즈베키스탄을 다녀온 바 있습니다. 그때 느낀 감회를 밖으로 표현하진 않았지만 마음이 너무나 아팠습니다.

불교는 인도에서 중앙아시아를 통해 우리나라에 들어왔습니다. 당시 36개국이었다고 전해지는 오아시스와 대상들이 거주했던 나라에선 불교가 왕성하고 찬란히 빛났습니다.

지금의 카자흐스탄부터 우즈베키스탄까지 7개국도 그 땅에 있습니다. 과거 그곳에 계셨던 분들이 출가해 능통한 인도말과 중국말로 경전의 번역을 담당하였고, 그 경전이 중국을 통해 우리 불교에도 전파되었습니다. 그런데 왜 지금 그곳에는 불교가 없을까요? 흔적도 거의 없고, 겨우 터만 남아 있었습니다. 다른 곳엔 거의 없습니다. 매우 가슴 아픈 일이 아닐 수 없습니다.

달마대사의 일화 가운데 '총령도중(葱嶺途中) 수휴척리(手携隻履)'라는 말이 있습니다. 총령 고개(파미르고원)로 신발 하나만을 메고 서천으로 가 버렸다는 뜻입니다. 성지 순례에서 간 곳은 총령의 서북쪽에 속하는 곳입니다.

해발이 약 2천 미터 되는 곳에 올라가서 허허벌판을 바라보며 느끼는 감회가 무척이나 서글펐습니다. 중앙아시아를 통해 구법승이 지나갔고 불교가 한국까지 들어왔는데, 그런 총령이 이제는 쓸쓸하기 이를 데가 없었습니다. 그걸 바라보면서 '불교가 왜 이렇게 되어야만 하는가. 더욱 열심히 정진해야겠다'는 각오를 다지고 돌아왔습니다.

과거 화려했던 옛 불교국가의 자취는 사라지고, 모두 이슬람화된 가슴 아픈 광경을 보면서 생각했습니다.

그건 바로 거기 살았던 주민과 출가한 수행자 모두의 책임입니다. '이 시대 우리가 어떻게 해야 하는가?' 바로 각자 위치에서 자기 스스로 열심히 노력해 불교의 부흥을 이끌어야 합니다. 그러기 위해서는 공심을 가져야 합니다. 사적인 생각을 가지면 안 됩니다. 대중과 함께 화합하며 같은 규범을 지키면서 언제나 함께하며 노력해야 합니다. 그것이 중요합니다.

공심으로 하나된 승가

이제 막 불도의 길에 든 모든 학인 스님들은 열심히 공부해서 자기 역량을 살려야 합니다. 옛 노스님들 말씀에 '스님은 도둑질 말고는 뭐든 할 줄 알아야 한다'고 하셨습니다. 누구를 위해 사는 게 아닙니다. 더욱이 스스로 부모, 친척을 두고 출가하신 분들이 아닙니까?

그런데 큰 공부를 하다 보면 신경이 날카로워져서 작은 일에도 시비가 생기는 일이 더러 발생합니다. 그때 '아! 이래선 안 된다'라고 마음을 다 잡으라는 이야기입니다. 여기서 조금 더 노력하면 여러분들은 수행의 길을 같이 탁마해 갈 수 있는 훌륭한 도반이 될 수 있습니다. 그런데 왜 우리는 서운한 것에 집착해 비방하고 헐뜯는 걸까요? 이런 일은 아무런 도움이 되지 않습니다.

저도 여러분과 같은 시절에는 잘 안 되었습니다. 그런 시절을 후회하는 마음이 있어 말씀드리는 겁니다. 우리는 전부 도반입니다. 후배는 선배를 존경하고, 선배는 후배를 아껴야 합니다. 서로 존중하고 관심을 표해야 합니다.

저는 10.27법난● 을 겪고, 당시 불합리한 종교 탄압을 받으면서 화합 승가에 대한 믿음이 더욱 절실해졌습니다. 세월이 지나서인지 지금은 그때의 일을 잊고 사는 듯합니다.

우리들이 올바른 화합 승가를 만들지 못하면 또다시 그런 시절을 겪을지도 모릅니다. 물론 그런 외압이 오면 결집하게 되어

● 1980년 10월 27일 새벽 2시 조계종 총무원 이하 전국의 주요 사찰에 계엄군이 진입해 당시 총무원장이었던 송월주 스님 등 46명을 연행하고 사찰의 종무 관련 서류·재산 관련 서류·예탁금증서 등을 압류해 간 불교 탄압 사건.

있죠. 하지만 그전에 공심으로 하나된 승가를 이룩한다면 그런 일은 절대 오지 않을 것입니다.

언제 어디에 무엇이 되어 어떻게 만나든 서로 간에 부끄러움보다 반가움이 클 수 있도록 화합해야 합니다. 이는 남에게 보여주기 위한 게 결코 아닙니다.

법정 스님께서 말씀하셨습니다. "남을 사랑하는 것은 자비를 베푸는 자기 확대이다!" 그러므로 자기 도반을 비롯하여 부처님 도량을 위해 수고하시는 모든 분들께 자비의 마음으로 서로 관용하고 관심을 가져야 합니다. 그리하여 부처님의 가르침을 이어 수만 년이 가도 변치 않는 불교가 이 땅에 유지될 수 있도록 해야 하는 책무가 여러분에게 주어져 있음을 명심해야 합니다.

- 〈승가대신문〉, 2014. 10. 6

김제 모악산 자락의 들꽃

책 엮은 가죽끈이 끊어지도록 노력하라

석주(昔珠, 1909~2004) 큰스님께서 생전 중앙승가대학교 대학원 설립 휘호로 써주신 말씀이 있습니다.

위편삼절(韋編三絶)

책 엮은 가죽끈이 세 번 끊어지도록 노력하라.

이는 큰스님의 교학정신이 깃든 휘호입니다. 이 말은 『사기(史記)』 「공자세가(孔子世家)」에 나오는 말로 '공부를 함에 있어 책을 묶은 가죽끈이 여러 번 끊어질 정도로 열심히 본다'는 뜻입니다. 이후 이 말은 끊임없는 정진을 의미하는 관용적 표현이 되었습니다.

고대의 책은 죽간(竹簡)·목독(木牘), 즉 대나무나 나무를 직사각형의 막대 모양으로 길게 잘라 여러 개를 가죽끈으로 엮어 만들었습니다. 그러므로 열심히 보다 보면 그 끈이 끊어져 이런 말이 생긴 것입니다.

나부터 바뀌어야 세상이 바뀐다

지금 우리 한국사회는 전례가 없을 정도로 혼란합니다. 장사하는 사람에게서 경기가 좋다는 말이 나온 적 없고, 정치하는 사람이 나라와 사회가 안정되었다는 이야기를 한 적 없으며, 연일 언론에서는 비상식적인 위정자의 행태가 보도되고 있습니다. 나라가 갈라진 듯 나뉘어 매일 데모를 한다는 식으로 편 가르기를 하는 사회가 절대 안정적이고 정상적일 수는 없을 것입니다.

이런 시국에 우리 학인들은 수행자로서 또 내일의 포교사로서 어떤 마음으로 길을 나아가야 할지 생각해 봅니다.

옛 조사스님의 이야기로, 어느 선사가 수령이 주관하는 잔치에 갔는데 지진이 났다고 합니다. 그래서 모두들 허둥지둥 자기 살겠다고 난리가 났는데, 스님만 침착한 모습을 보이자 나중에 수령이 "스님은 어떻게 그렇게 침착하실 수 있습니까?"라고 물었습니다.

"여러분들은 살 곳을 찾아서 밖으로 피하느라 정신없었지만, 저는 마음속으로 피했습니다."

스님의 이 한 마디에 수령이 감복했다는 이야기입니다.

세상을 밖에서부터 바꾸려면 한이 없지만 그 무엇도 '나'로부터 변화하지 않는다면 바꿀 수 있는 것은 없습니다. 지진이 나도 자신을 잃지 않고 몰입할 수 있는 선정을 익히는 것이 학인 여러분이 앞으로의 생활을 통해 체득해야 할 꼭 필요한 공부라고 하겠습니다.

여러분은 이제 새로운 출발선에 서 있습니다. 각자의 자리에서 신심과 원력으로 최선을 다할 때, 오늘 이 자리에서 세운 서원은 머지않아 현실로 다가올 것입니다.

학인 여러분들은 위법망구(爲法忘軀)● 의 정신으로 열심히 학문 연구와 수행, 정진에 노력해야 합니다. 그 외에 다양한 활동의 장이 마련된 이 사회 속에서 봉사 등 여러 활동에 참여하며 자신의 수행 영역을 펼쳐나갈 수도 있습니다. 그리하여 사회와 공동체에 대한 관심을 성장시킬 수 있게 되는 것입니다.

여러분들은 스스로가 생각하는 것보다 훨씬 더 많은 능력과 가능성을 지니고 있는 귀한 법기(法器)들입니다. 그 가능성을 믿

● 진리의 추구를 위해 몸을 돌보지 않음.

고 있는 우리 사부대중이 있음을 언제나 기억하시기 바랍니다.

-〈승가대신문〉, 2016. 3. 14

南無大

진안 마이산 금당사 목불좌상(전북 유형문화재)

성심으로 살아가는 수행자

서두르지 말고 성심껏 살아야 합니다. 선택과 집중을 해야 합니다. 서두르지 않아야 한다는 것은 굉장히 중요합니다. 서두르지 않는다고 해서 가지 않는 게 아닙니다. 다만 천천히, 그러나 쉬지 않고 가는 것이 중요합니다.

요즘 출가자의 연령이 높아지고 있습니다. 출가 연령이 높아진 만큼 고학력자들이 많이 출가하여 보고, 듣고, 배우는 정보가 다양해졌습니다. 하지만 이분들에게 엄청난 정보가 있음에도 열이면 아홉, 정리가 잘 안 되었다든지, 혹은 출가자로서 적당한 정보가 부족할 수 있습니다. 그러므로 충분한 가능성이 있으니 출가가 좀 늦었다고 해서 절대 서두르거나 좌절하지 말고 계속 정진해달라는 말씀을 드리고 싶습니다.

조주 큰스님께서는 80세까지 정진하시고 이후 교화에 나서서 120세까지 40년을 대중 교화에 힘쓰셨다고 합니다. 그러므로 여러분도 절대 서두르거나 늦었다고 좌절하지 않기를 바랍니다.

이러한 말씀을 드리는 이유는 저 또한 출가가 늦었기 때문입니다.

저와 세랍이 비슷한 스님이 한 분 계십니다. 저와 동향이기도 한 그분은 14살 때 출가를 하셨지요. 저는 해인사 강원에서 수학하여 24기로, 그 스님은 10년 전에 졸업하셨습니다. 어쨌든 제가 23살에 출가하여 한 해는 법주사에 있다가 입대했습니다. 그 당시 스님께서 저한테 하신 말씀이 있습니다.

"너 군대 가서 절대 딴짓하지 말고 잘 돌아와야 해! 너 군대에서 딴짓하다 잘못하면 속퇴하는 거다! 너 그거 하나만 약속하고 가라!"

저는 그 약속을 지켰습니다.

스님께서는 법주사 관음전에서 하루에 3천 배씩 20년을 하셨습니다. 생존해 계신 우리 스님 가운데 이와 같이 정진하시는 분이 과연 몇 분이나 되실지 궁금합니다. 그러한 정진의 흔적으로 관음전 마룻바닥이 패인 모습을 보았습니다.

제가 군대 3년을 마치고 나왔을 때, 기도 3년 한번 해 보자는 다짐을 했습니다. 제대 후에 급한 마음에 3년간 정진을 하면 뭔가 탁 하고 터질 줄 알았지만 그렇지 않았습니다.

그때 기도 끝마치면서 '아! 이게 쉬운 일이 아니고 빠른 것도 아니구나! 이게 쉽게 터지는 일이 아니구나! 이건 평생의 대업이다.'라고 생각을 했습니다. 3년 목탁 잡고 느낀 소회입니다.

이를 느끼고 31살에 해인사 강원에 갔습니다. 그곳 같은 반 스님 가운데 세랍이 20살 되신 분이 계셨습니다. 그리고 강원을 졸업하고 중앙승가대에 입학했을 때 보니 우리와 비슷한 세랍의 분들이 모두 교수님들이셨습니다.

졸업 후 열심히 정진하고, 소임을 살다 보니 본사 소임을 맡게 되었습니다. 제가 본사 주지를 55살에 시작하여 8년 동안 맡았습니다.

그 소임을 살기 시작하면서 제 나름대로 생각을 해 봤어요. '앞으로 주지 소임 기간 동안 열쇠 꾸러미를 차고 살림을 살아야 하는데 어떻게 사는 것이 가장 잘사는 방법일까?' 그래서 '좋다. 늦었지만 지금이라도 다시 시작하자.'라고 다짐을 했습니다.

제가 그 기간 동안 시쳇말로 주경야독하다시피 하니 목도 안 좋아지고, 원형탈모가 생기기도 하였습니다. 당시 한양대학교에서 9년여에 걸쳐 석사와 박사과정을 밟았는데 무슨 공부가 되었겠습니까? 하지만 나이 60이 되어도 평생 작업이니 악착같이 뭔가 해 보자고 해서 하다 보니 결국 되더군요. 이런 일련의 과정들로 인해 지금의 위치까지 엉겁결에 온 것 같습니다.

처음 그 마음을 간직하라

우리 학인스님들께서도 서두르지 않고, 쓸데없는 욕심 같은 것은 치워 출가할 때 초발심을 늘 간직하며 사십시오. 그러면 어느 분야에서든 자신에게 맞는 방향으로 정진해 성공하게 되고, 반드시 뿌듯한 마음이 들 것이라 말씀드리고 싶습니다.

사실 저는 늦게 뒷전에서 어슬렁거리는 것 같은 기분이었습니다. 하지만 나름 노력해 왔기 때문에 지금 여러분들 앞에서 이런 이야기를 할 수 있었으리라 생각됩니다. 절대 제 자랑이 아닙니다.

지금 제게 주어진 것이 하나의 기회이기도 하지만 잘못하면 위기가 찾아오리라 생각합니다. "저것 봐라! 그러면 그렇지." 잘못이라도 하면 큰 질타를 받을 수 있기도 합니다. 하지만 저 역시 지금 학인 여러분께 말씀드리는 것처럼 성심을 다하려고 합니다.

학인스님들! 지금 이 시간은 여러분에게 있어 그 어느 때보다 아름다운 시간입니다. 열심히 살아도 후회는 찾아옵니다. 다만 성심껏 사시라는 말씀을 드리고 싶습니다.

여러분들은 지금 당장 제대로 느끼지 못할 수 있습니다. 그러나 지내고 나면 후회가 찾아올 것입니다. 스님으로서의 신분을 떠나 살아온 생애를 생각해 보십시오. 내가 더 잘했더라면, 내가 좀 더 노력했다면 하는 후회를 해 본 적 없는 분은 단 한 분도 안 계실 겁니다. 그래서 지금, 여러분에게 기회가 생긴 이때 열심히 수행하고 공부하셔야 한다는 말씀을 드리는 것입니다.

먼저 기존의 기득권은 모두 내려놓고, 공부에 도움되지 않는 불필요한 것들을 모두 제거하십시오. 불필요한 문제로 갈등을 느끼지 않아야 합니다. 진정으로 모든 것을 내려놓아야 합니다. 더불어 학인 간 화합하기 위해 서로 소통해야 합니다. 서로 공적이든 사적이든 모든 측면에서 함께 노력해야만 합니다.

출발이 늦었다고 해서 우리의 목표인 성불이 늦어지는 것은 결코 아닙니다. 지금까지 말씀드린 대로 애써 서두르지 마십시오. 더 중요한 건 성심껏 임하는 것입니다. 이것이 바로 진정한 수행입니다.

–〈승가대신문〉, 2014. 3. 31

무주 적상산 안국사 청하루

미래는 수행, 정진하는 이의 몫

요즘 출가자들이 줄다 보니 귀한 것이 당연합니다. 왜일까요? 물론 여러 가지로 분석할 수 있습니다만 옛 어른스님들 말씀에 의하면 복이 없으면 출가를 할 수 없다고 그랬습니다.

복력이 있어야 출가를 합니다. 그 복력이라고 하는 것은 친척 일가들을 다 접고 최상승의 깨달음, 그 한 길을 위해서 출가한다는 커다란 힘입니다.

발심해서 출가한다는 것은 그만큼 큰 복이 있어야 하는 겁니다. 말세가 되다 보니 점점 복이 엷어지고 있습니다. 출가하신 분들은 이런 자부심을 가지고 정진해 나가야 합니다.

학인에게 가장 중요한 것

학인에게 있어 가장 중요한 것은 공부하는 것입니다. 여럿이 모여 서로 탁마하는 것, 이게 참 중요합니다.

『계초심학인문』에서 늘 이야기하는 것이지만 '부초심지인(夫初心之人)은 수원리악우(須遠離惡友)하고 친근현선(親近賢善)하야 수오계십계등(受五戒十戒等)하야 선지지범개차(善知持犯開遮)하라'● 했습니다.

초심자는 '수원리악우'하고 '친근현선'하라, 나쁜 벗을 멀리하고 좋은 벗을 가까이하라는 말입니다.

좋은 벗은 무엇입니까? 물론 선지식이 좋은 벗입니다. 선지식에는 여러 가지가 있습니다. 도반도 선지식이고, 은사도 선지식이며, 여러분이 여러분에게 모두 선지식입니다. 함께 공부를 할 수 있게 서로 도와주는 것이지요. 지금 여러분은 한 테두리에 같이 있으니 그것이 별로 중요하지 않다고 생각할지 모릅니다. 그러나 시간이 지나고 나면 같이 공부했던 스님들이 제일 가깝고 다정한 도반임을 알게 될 것입니다. 그러한 점을 잘 염두에 두고 탁마해 가며 살아야 합니다.

또 좋은 벗이란 자기 본업에 충실한 사람입니다. 그렇다면

● '부처님 가르침에 귀의하고자 처음 마음먹은 이는 계율을 지키지 않고 세속적 욕망을 즐기는 이를 멀리해야 하고, 계행이 청정하고 지혜가 밝은 이를 가까이해야 하며, 계율을 생명처럼 지키고 잘 따르며, 어떤 경우에 계율을 어기고 범하게 되는지를 잘 알아야 한다'.

스님들은 무엇에 충실해야 할까요? 수행 잘하는 분이 좋은 벗입니다. 직장이면 직장 잘 지키는 사람, 가정주부는 가정을 잘 지키는 사람이 좋은 친구입니다. 집안일 잔뜩 쌓아놓고 놀러 간다든가 하는 사람은 좋은 친구가 아닙니다.

우리 스님들도 수행에 전념해야 하는데 바깥일에 너무 치중하면 좋은 친구가 아닌 것입니다. 자기 일에 치중하면서 나머지는 여벌로 하는 것이지요.

물이 귀한 탄자니아에 다녀올 일이 있던 저는 어느 날 물이 흐르는 쪽에 화장실을 다녀오면서 냇가에 가 손을 씻고 있었습니다. 거기 돌이 있었는데, 그 돌들이 전부 수천, 수만 년 닳고 닳아 자갈이 되어 조그맣게 되어버렸던 것이지요. 이처럼 닳는다는 것, 원융하게 된다는 것, 모나지 않는다는 건 수많은 세월을 견디어야만 가능한 일입니다.

십여 년 전 현해 스님(중앙승가대 부학장, 동국대 이사장 역임)을 모시고 케냐에 간 적이 있습니다. 그때 시간을 적기로 맞춰 누우 떼가 움직이는 것을 볼 수 있었습니다. 정말 수만 마리가 움직이더군요. 그런데 그 누우 떼가 그냥 막 가는 게 아닙니다. 다 조백(皁白)이 있습니다. 무리 안에 순서가 있고 서열이 있습니다.

누우 떼 가운데도 리더가 있습니다. 그 뒤에 참모가 따라가고, 그다음 대중이 가고…. 코끼리도 마찬가지입니다. 수십 마리가 함께 움직일 때 리더가 제일 앞장서서 가고, 그다음 연락병이, 그다음에 나머지가 쭉 따라가지요. 아마 남아 있는 짐승들은 리더가 없어져 버렸다던가, 게으르다던가, 어떤 판단을 잘못해서 남아 있는 것일 겁니다. 이렇게 다 자연의 법칙에 의해 살아가고 있는 것이지요. 우리도 어찌 보면 자연의 법칙에 순응하며 살아가는 게 수행이 아닌가 하는 생각이 듭니다. 그러니 여러분들께서도 부디 열심히 수행하시기 바랍니다.

도반이 선지식이다

어느 기사를 보니 불자 수가 기독교 신자 수에 비해 낮아졌다고 합니다. 그 외 비종교인으로 분류된 분들이 친불교적 성향을 가지고 있어서 아직 희망이 있다고 하지만 실은 우리 불교에 굉장히 어려운 시기가 도래한 것입니다.

이러한 때 학인 대중 여러분들이 전국의 사찰에서 불법을 공부하는 건 천만다행이고, 귀중한 일입니다. 중앙승가대학교에 모여 가장 원형적인, 가장 여법한 종단을 우리들이 한국불교로 이어가고 있기 때문입니다. 학인 여러분들이 마음을 굳게 세워 스

무주 적상산 안국사 성보박물관에 모셔진 철불

스로 공부하고, 화합하는 모습을 보여주어야 합니다. 남과 외부 환경 등을 탓하지 말고 모두 겪어내며, 언제나 성실히 공부하여야 합니다.

문득 인연이란 참 빠른 것임을 느낍니다. 중앙승가대 총장으로 있는 지금, 오래전 제가 동문회장으로 있을 때 서화전을 열어 모인 기금으로 후불탱화를 모셨는데 아직 깨끗하니 기분이 좋았습니다. 그런데 그게 어느덧 15년이나 지났더군요.

여러분들도 세월이 참 빨리 지나간다는 것을 느끼실 것입니다. 그 쏜살같이 흐르는 시간 동안 학인 여러분은 맡은 일에 충실하고, 서로 이해하며 탁마해야 합니다. 서로 이해하고 관용으로, 또한 관심을 갖고 서로 이끌어 주어야 합니다.

세월이 가면 어떤 스님이 더 큰 일을 할지 아무도 모릅니다. 공부를 잘하고 못하는 것도 중요하지만 지견이 밝아져서 크게 대중을 이끌 사람도 있고, 사판으로서 행정에 능하게 될 스님도 있고, 여러 분야에서 대중을 인도해나갈 지도자도 나올 것입니다. 다만 그건 아무도 모르는 것이지요.

어떤 분이 훌륭한 분인지 알 수 없으니 한 분, 한 분 도반들을 잘 모셔야 합니다. '가문 날 구름이 지나가면 어느 구름에 비가 들어 있을지 모르니 지나가는 구름마다 인사를 해야 된다'라는 속담이 있습니다. 우리가 지금 같이 모여 살지만 어떤 분이 더 훌륭한 스님이 되어 우리 그룹의 지도자가 될지 모르므로 더욱더 서로 열심히 잘 탁마해야 합니다.

저는 여러분께 성심껏 마음을 내어 열심히 살아 줄 것을 부탁드렸습니다. 열심히 마음을 다잡아서 정진해 주시기를 바랍니다. 이렇게 단체생활하는 데 모여 있는 사람들이 얼마나 귀중한지는 세월이 흐른 뒤에야 알 수 있습니다. 누군가는 나이도 더 먹고 누구는 덜 먹기도 했지만 일단 도반이지 않습니까? 여러분이 머무는 이곳에서 가장 아름답고 귀한 도반을 사귈 수 있는 것입니다.

남을 위해서 희생하시는 분, 남보다 더 일찍 일어나 청소하고 도와주는 분, 그게 선지식이 되는 것이고, 그분을 친구로 삼으면 됩니다. 그걸 잘하는 사람이 수행도 잘하는 것입니다.

부처님께서는 '평생에 도반 한 사람 잘 사귀는 것이 성불하기보다 어렵다'고 하셨습니다. 이런 분위기에서 여러분들이 좋은 도반을 사귈 수 있는 기회가 되는 것이고, 그것은 지어서 억지로 오는 것이 아닌, 자기 스스로 자기 생활에 충실하면 생기는 일입니다. 좋은 도반을 잘 사귀고 학인으로서 좋은 시절을 보내시길 바랍니다. 지금도 그렇지만 여러분 모두 정말 귀한 스님들이 될 것이기 때문입니다.

시간이 흘러 주지 소임은 언제고 할 수 있습니다. 그러나 공부는 이때 아니면 결단코 할 수 없는 일입니다.

-〈승가대신문〉, 2016. 10. 10

무주 적상산 안국사 극락전(전북 유형문화재)

학인으로서 귀중한 시간

제가 금산사 주지를 할 때 저를 시봉했던 보살님이 계셨습니다. 원광대 대학원 한 학기를 남겨놓고 출가를 한다고 하더군요. 저는 그 보살님에게 이렇게 말했습니다. '대학원을 마치고 출가해라. 이것은 학위를 받고 안 받고의 문제가 아니라 무엇을 시작했으면 끝을 내야 다음에라도 견디는 DNA가 연장되기 때문이다.' 그렇게 이야기한 뒤 억지로 학비를 보태줘 가면서 졸업시키고 출가시켰습니다.

그 뒤 강원에 가더니 이삼 년 후 강원에 안 온다고 연락이 왔어요. 그래서 또 불러내 '이 사바세계에서 스님들이 『화엄경』, 『금강경』, 『원각경』, 『능엄경』 등 경전을 어디서 공부하겠느냐? 이것은 대한민국에서 가장 훌륭하고 고급스러운 명품 강의이다. 언제 어디서 이것을 접할 것이냐? 속퇴해서 시집을 가든 무엇을 하든 그것은 네가 알아서 할 일이지만 그것은 마치고 나와라.' 하니 마음을 내어 강원을 마치고 지금은 어느 사찰에서 기도하며 살고 있는 모양이에요.

큰사람이 되려면

우리 학인스님들은 능동적으로 살아야 합니다. 이것은 여러분들의 시간과 관련된 일입니다. 시간은 이래도 가고 저래도 갑니다. 스스로 지금까지의 인생을 정리하고 선택해 온 곳입니다. 그러므로 무엇이든 자기가 하고 싶은 일에 정성을 다해 사셔야 합니다. 어떤 일이든 늦었다고 생각하지 마십시오. 지금부터 열심히 하면 절대 늦지 않습니다.

이제 이곳 부처님의 요람에 모이신 분들은 모두가 다 평생 가야 할 도반입니다. 그렇기 때문에 서로 아끼고, 이해하고, 감싸야 합니다. 경쟁 상대로만 생각한다든지 우열을 따져서 시기·질투하는 것은 자기 수행에 아무런 도움이 안 됩니다. 이런 사람은 큰 인물이 될 수 없어요.

남보다 큰 인물이 되려면 시비를 떠나야 합니다. 나 스스로 잘하면 됩니다. 누구를 짓밟고 올라간다고 해서, 한 울타리 안에서 공부하는 사람끼리 편 가른다 해서 되지 않습니다. 서로를 늘 고맙게 여기고, 탁마하며, 교류한 이들에게 마음을 써야 합니다.

그러기 위해서 조금은 희생하고 양보해야 합니다.

『초발심자경문』에 '대자(大者)는 위형(爲兄)하고 소자(小者)는 위제(爲弟)가 된다', 즉 '큰 사람은 형이 되고 작은 사람은 동생이 된다'라는 뜻입니다. 동생밖에 안 되는 사람이 형 노릇을 하려고 하면 집안이 시끄러워집니다. 말하자면 자격이 갖추어지지 않은 사람이 그 이상의 노릇을 하려 하면 문제가 된다는 의미입니다.

리더로서의 근기를 갖춘 사람은 둘째치고, 그렇지 않은 사람은 공부 열심히 해서 모두 특기 하나씩을 갖춰야 합니다. 이제는 우리 스님 한 분 한 분이 능력자가 되어 각 지역에 포교하고 불자들을 직접 접해야 하기 때문입니다. 거리가 멀면 불자들이 안 갑니다. 옛날과는 다릅니다. 신도들이 수십 리를 걸어 쌀을 지고 불공하러 가던 시절은 지났다는 말입니다.

지금이 가장 좋은 시기입니다

대흥사의 초의(草衣, 1786~1866) 스님은 추사 김정희 선생이나 다산 정약용 선생과 인연을 맺어 그분들을 감화시켰습니다. 그러나 그때는 그렇게도 되었지만 지금은 안 됩니다. 전국적으로 네트워

킹되어야 합니다.

여러분들이 열심히 노력해야 해요.

박한영(朴漢永, 1870~1948) 스님께서 서울 개운사에서 강의를 하시고, 탄허(呑虛, 1913~1983) 스님께서 오대산에 강의하실 때는 우리나라 최고의 지성들이 그곳에 모여 단 몇 번만 강의를 들어도 그분들의 입을 통해 큰스님 말씀이 전파되곤 하였습니다.

하지만 지금은 그렇게 해서 되는 시절이 아닙니다. 근현대사의 지식인이라고 하는 분들이 박한영 스님께 강의 안 받으신 분들이 없어요. 서정주 선생, 양주동 박사, 정인보 선생 등 이런 분들이 전부 스님의 제자입니다. 이러한 분들을 이끌어 갈 수 있는 실력을 여기에 계시는 스님들도 갖추어야만 합니다. 그렇게 각 지역에 가서 불자들을 부처님을 대신해 제접해야 합니다.

가끔 사석에서 해인사 강원 선배 스님을 만나면 항상 이런 말씀을 하십니다.

"스님. 스님이나 저나 우리 출가할 때 무엇을 가지고 왔습니까? 우리가 이제 차도 타고 다니는 것이 큰 복 아닙니까? 뭘 더 바랍니까!"

수행자로 살겠다고 모든 것을 정리하고 출가하신 분들이 무엇을 구하겠습니까? 그런 것에 대한 생각을 잘 정리하고, 훌륭한 도반을 사귀어 함께 탁마해 가십시오.

무주 적상산 안국사 사자상

학인으로서 가장 힘든 때가 바로 교육 시기이지만 이때가 동시에 도반 사귀기 가장 좋은 때이기도 합니다. 만약 도반에게 허물이 있다면, 서로 감싸 주어야 그 관계가 일평생 간다는 것도 잊지 않았으면 합니다.

지금 여러분들은 가장 좋은 시기에 놓여 있습니다. 그러므로 지금 공부해야 합니다. 기초 교육을 마치고 선방에 가실 분은 선방에 가시고, 외국어에 능하신 분들은 지금부터라도 준비해 외국에 포교 활동도 할 수 있습니다. 그렇지 않은 분들은 보살행을 하면서 자격증도 따며 해야 할 공부를 하십시오. 누구나 다 하는 것이 아닙니다. 선근이 있어야 하고 공심이 있어야 하는 것입니다.

-〈승가대신문〉, 2017. 5. 1

새로운 미래를 향해

학인 스님들은 누구나 새로운 미래를 향해 나아가는 출발선에 서 있습니다. 눈앞에 펼쳐진 길 위에는 안거(安居)• 와 만행(萬行)••의 나날이 기다리고 있지요. 안거는 수행의 기간이요, 만행은 그 수행의 힘과 결과를 사부대중에게 돌려주는 포교의 시간입니다. 즉 오로지 수행과 포교에 매진하는 일이 여러분을 기다리고 있는 셈입니다.

신심(信心)과 참학(參學)은 수행으로 이어지고, 보경(普敬)과 이생(利生)은 포교로 연결되는 것이 수행자의 길입니다. 여러분은 수행과 포교를 필생의 업으로 삼아 명실상부한 구도자의 삶을 열어 가야 합니다.

• 출가 승려가 일정 기간 동안 외출하지 않고 한곳에 머무르며 수행하는 기간.

•• 여러 곳을 두루 다니며 닦는 온갖 수행.

막중한 임무

이 길은 과거부터 지금까지 수많은 고승 대덕 스님들뿐만 아니라 불보살님들, 역대 조사님들이 여러분에게 불조의 혜명(慧命)을 부촉하기 위해 강림하시어 마련한 길입니다.

그 길의 막중한 임무를 학인스님들께서 짊어지게 된 것입니다. 이러한 책임을 깊이 인식하고 우리 불교의 미래를 열어 가는 주역으로 자각을 새롭게 해야 합니다.

지금 우리 사회는 엄청난 변화와 치열한 경쟁이 계속되고 있습니다. 숨 가쁘게 변화하는 세상 속에서 밝은 가르침을 전하지 못한다면 불교의 미래도 장담할 수 없습니다.

『손자병법(孫子兵法)』「허실(虛實)」편에 '전승불복(戰勝不復) 응형무궁(應形無窮)'이라는 말이 있습니다. 전쟁의 승리는 반복되지 않으니 무궁한 변화에 유연하게 자신의 모습을 바꾸어 대처하라는 말입니다. 이 말은 지금 시기를 살고 있는 학인 여러분과 우리 모두가 가슴에 새겨야 하는 말이 아닌가 합니다.

문명의 변화가 이루어지는 시기, 4차 산업혁명이 이루어지는 시기입니다. 이때 현대사회와 지구촌의 변화에 대응하고 새로운 대안과 해결책을 제시하기 위해서 우리는 스스로 유연하게 자신의 모습을 바꾸어 가야 합니다. 이러한 변화의 선봉에 학인 여러분이 서 주시기 바랍니다.

- 중앙승가대학교 제36회 학위수여식 축사 중, 2018. 2. 23

진안 마이산 금당사 극락보전 현판

열정과 노력으로 질주하라

'한·중·일 불교우호교류대회'는 1975년 은사스님[●]께서 총무원장을 하시고, 제가 원장 특보로 있었을 때, 중국의 조박초(趙朴初) 불교 주석이 한국, 중국, 일본이 가장 기본적으로 교류하는 공통 관심사가 무엇인가를 오랫동안 고민하여 만든 것입니다.

중국 여행을 가서 사찰에 들르면 조박초라는 분의 글씨가 걸리지 않은 큰 사찰이 거의 없습니다. 이분은 출가해 승려 생활을 하다가 모택동과 같이 대장정에 참여하여 성공했습니다. 이분이 나중에 중국 당 서열 일곱 번째까지 올라 상임 대표 위원장을 하셨지요. 그리고 불교 주석을 맡았을 때 불교에 대해 큰 업적을 세웠습니다. 오늘날의 중국불교는 조박초라는 거사 한 사람이 거의 팔구십 퍼센트를 이루었다고 해도 과언이 아닙니다.

● 태공 월주 대종사(1935~2021).

25년 전 중국 대동에 있는 운강석굴에 갔을 때, 대동시 전체 100만 인구를 전부 소개하고, 시를 다시 설계하는 중이었습니다. 중국 3대 화엄사 중 하나인 대동의 화엄사를 중심으로 거리를 전부 재배치한 겁니다. 또 이곳에서 가까운 거리에 있는 운장석굴도 대대적인 보수를 진행하고 있었습니다.

불교 국가도 아니고 종교를 정식으로 인정하지도 않지만, 당 서열이 높은 분들이 관심을 가지니까 다른 사람들도 그만큼 대우해 주는 것입니다.

사자상승법

지금 우리는 정치, 경제, 사회, 문화, 종교 할 것 없이 전체에 걸쳐 국경 없는 무한 시대로 돌입했습니다. 바로 이와 같은 변화의 시기에 소명의식과 공명심이 있어야 합니다. 공명심이 없는 사람은 남을 위해서 희생하거나 봉사하지 않고 인과에 의해 남으로부터 존경받을 수가 없습니다.

어떤 분들은 우리나라가 소국이라고 하는데, 땅덩어리가 적어서 소국이 아닙니다. 문제는 영웅을 키울 줄 모른다는 데 있습니다.

우리나라 불교의 장점이 무엇입니까? 한국불교의 가장 중요한 것은 사자상승(師資相承)입니다. 은사로부터 배워서 듣고 물려주는 것입니다. 부처님께서도 그렇게 하셨습니다. 부처님께서 가섭 존자에게 법을 주시고, 가섭 존자가 다시 아난에게 주고, 이렇게 해서 28대 달마 조사가 계시고, 그분이 동토(東土)에 와서 선종의 초조가 되신 것입니다.

이 은사제도나 사자상승법이 없으면 본사도 유지되지 못합니다. 본사제도가 없으면 본사가 뒤바뀌기 때문에 서로 이사 다녀야 합니다. 그러니까 각 본사를 문중이 화합적으로 운영해 갈 때 그 본사가 존재하는 겁니다. 스님들이 전국으로 돌아다니면서 승적을 바꾸고 여기저기 살게 되면 어떻게 되겠습니까? 더 큰 혼란이 오는 것입니다.

이렇듯 사자상승법은 우리나라 불교의 장점입니다. 그런데 지금 사람들은 그걸 부정하고 있습니다. 왜냐? 부모님도, 시부모님도 안 모시는 습관이 들어 절집에 와서도 은사가 필요 없다고 여기기 때문입니다. 그런 풍토가 잘못된 것입니다. 우리가 그것을 고쳐야 합니다.

제가 은사스님을 모시고 중국에 갔을 때 당시 조박초 선생이 중국불교 주석이면서 중국불교 회장이었습니다. 그런데 그분이 굉장히 연세가 많아 부회장이 인사를 하러 나왔습니다. 부회장은 아주 깔끔하고 지적이게 생긴 젊은 사람이었습니다. 후에 들으니 부회장은 서안의 법문사(法門寺) 주지인 학성 스님이라 했는데, 이번에는 중국불교 대표로 참석했었습니다. 그러니까 이미 20년 전부터 부회장을 만들어 수업시키고, 조박초 선생이 돌아가신 후 회장직을 물려준 것입니다. 이게 바로 중국입니다. 중국에도 엄청난 절들이 있고, 승려가 있습니다. 그런데도 사전에 미리 준비를 하는 것입니다.

무한 경쟁 시대에 중국을 능가하는 불자가 되고 불교가 되려면 어떻게 해야 할까요? 우리가 편하게 잠을 잘 수 있는 시간이 아닙니다. 마음을 편하게 하기 위해서 출가를 했지만 그런 편안한 득처를 얻기 위해 또한 부단히 노력을 해야만 합니다. 그것도 지금부터 계획을 세워서 하셔야 합니다.

한·중·일 삼국의 불교가 경쟁에 들어갔다고 말씀을 드렸는데 중국불교 발전상을 보면 실로 엄청납니다. 20년 전부터 부회장을 맡겨 인재를 길러낸 중국 시스템과 무한 경쟁을 통해 걸러내는 한국의 총무원장제도가 무엇이 다른지는 모르지만 모두 정확한 인재를 발굴해서 쓰려고 하고 있는 겁니다. 그리고 그 발굴한 인재가 일을 하면 도와주고, 협력하는 그런 대승적 차원에서 존재한다는 겁니다.

우리는 『초발심자경문』에 나오는 이야기를 늘 강조합니다. '대자는 위형하고 소자는 위제가 된다'. 우리 속담에 '뱃삯 없는 사람이 뱃전 머리에 앉는다'고, 꼭 자격 없는 사람이 앞에 섭니다.

여러분은 각자의 위치에서 열심히 노력하고 공부합니다. 하지만 여러분과 여러분 도반 중에 어떤 분이 나중에 얼마만큼 훌륭한 분이 될 진 아무도 모릅니다. 그러나 우리 팔도의 학인스님들은 다 큰 인연이 있어서 만났으므로 도량에서 열심히 노력하고 잘살면 평생 도반이 되는 겁니다.

사자상승법은 절대 병폐가 아닙니다. 불교 전체가 대자는 형이 되고 소자는 동생이 되어, 서로 역할을 분담하고 도와주면 사찰이 잘되고, 종단이 잘되며, 불교도 잘되고, 우주법계가 다 잘되는 것입니다.

이번에 한·중·일 스님들을 비교해 보니 중국과 일본의 스님들에 비해 우리 불교가 많이 부족하다는 생각이 들었습니다.

어떤 경계를 넘어서는 큰 공부를 이룬 것은 제가 잘 모르지만, 피부로 느껴지는 모든 걸 구조는 그랬습니다.

단적인 예를 들어, 경도에 있는 큰 사찰의 주지는 음식점 열 개를 먹여 살린다고 합니다. 그러려면 그 지역 유지 및 많은 사람을 만나야 됩니다. 그곳은 백 년, 2백 년, 3백 년을 이어서 내려오니 병원, 유치원, 학교 다 있어야 하지 않겠습니까? 그러니 무엇을 하든 그만큼 열심히 하는 겁니다.

허울을 버리고 내실을 기하라

우리는 수행 방법 등이 달라 일본불교와는 차이가 있습니다. 그럼에도 학인 스님들은 어떤 다른 스님보다 더 큰 소명의식을 갖고, 어떤 분야에서든 열심히 해야 합니다. 늦었다고 생각지 말고 5~10년 나이를 뺀다고 생각하고, 지금부터라도 무엇이든 열심히 해야 합니다.

출가한 의의가 무엇입니까?

경봉 스님 말씀에 '금생에 안 난 셈치고 열심히 공부하면 삼생을 먹고 살아도 된다' 하셨고, '삼생을 거듭 중노릇하면 성불하지 못할 사람이 없다'고 했습니다. 그런데 한생 공부해서 복 좀 지어놓으면 나중에 까먹느라 바쁩니다.

성철 스님께서도 '우리 강원 다닐 때 너희들 논 댓 마지기하고 예쁜 여자 묶어 주면 안 나갈 놈 누가 있나' 하셨습니다. 필부필녀로 살아도 행복하게 살 수 있습니다. 하지만 나이 들어 그분들이 무얼 할 겁니까? 여러분들이 젊었을 때 열심히 공부하고 출가한 의의를 생각해 투철하게 공부해서 나이 먹고 생각했던 인생을 마감하면 그때 행복이 오는 것입니다.

오늘로 제 법문이 처음이자 끝이 될 수도 있습니다. 그래서 여러분들께 계속 부탁드리는데, 허명이나 허울, 이런 것 다 버리고 내실을 기해야 합니다. 밖의 경계는 전부 아무것도 아닙니다. 허명에 빠지지 말고, 진정으로 해야 할 일이 무엇이며, 앞으로 무엇을 해야 할 것인가 생각하십시오. 도반들에게 마음으로라도 베풀고, 인정해 주고, 용서해 주고, 덮어 주고, 이렇게 하면서 탁마하며 서로 좋은 도반, 평생 도반이 될 수 있는 겁니다. 그런데 평생 도반하고 탁마하는 이 자리에서 양심을 속이거나 서로 자기 이익을 챙기다 보면 친구가 없어지는 겁니다.

평생 도반들을 이 자리에서 사귀고 있는 짧은 학인 시절 동안 무엇을 할 것인가를 지금부터라도 다시 정립해서 그 일을 향해 매진하고 서로 사랑하며 돌봐 주어야 하는 겁니다.

한국불교를 일으키고 한·중·일뿐만 아니라 동남아시아 모든 나라들 그리고 미국에서도 우리 불자들이 열심히 늘 노력하고 있습니다. 그러므로 여러분들도 이것을 본받아서 잘하셔야 됩니다. 어디에서든지 학인들이 열 몫, 스무 몫을 하면 한국불교는 중흥합니다. 이것이 은사스님들로부터 받은 은혜를 잘 갚는 길이니 후학들에게 물려주는 사자상승의 좋은 법이 길이 빛나도록 노력하기를 재삼 당부드립니다.

-〈승가대신문〉, 2017. 9. 18

김제 모악산 금산사의 겨울

정리자의 말

진정 강한 분만이
자비로 드러날 수 있다

나와 원장스님의 인연은 중앙승가대학교 총장님으로 계실 때로 거슬러 올라간다. 당시 평교수였던 나는 총장, 즉 원장스님을 모시고 있었던 셈이다. 물론 딱히 해드린 것 없고, 받기만 했던 시절이라 모셨다는 표현을 하기도 부끄럽다.

대학 체제상으로 평교수는 총장님을 뵐 일이 별로 없다. 그런데 중앙승가대는 출가한 스님들만 다니는 작은 학교이기 때문에 특수성이 존재하게 마련이다.

성직자 양성 학교는 대학이라도 학생 등록금이 거의 없어 월급이 박하다. 그리하여 총장스님께서는 당신이 주선해 1년에 한 번씩 교수 전체를 외국으로 성지 순례를 보내주시곤 하셨다.

그런데 이게 그냥 추진하는 게 아니다. 정확하게는 당신께서 코스를 잡으시고 차 안에서 설명도 해 주시며, 사진도 직접 찍어 주시고 저녁에는 특식도 한턱 내 주신다. 말 그대로 가만히 따라다니기만 하면 되는 풀 코스 순례다.

사실 나는 누구보다 베테랑 인솔자다. 그래도 이런 경우는 나 역시 졸졸졸 어른을 따라다닐 뿐이다. 의무감 없는 진짜 편안한 순례라고나 할까? 그렇게 다녀온 몇 주 뒤 연구실 문고리에 내 사진 앨범이 걸려 있다. 총장스님의 섬세한 마무리 선물이다.

하루는 교수 전체 회식 때 총장스님께서 웃으시며 "내가 순례를 갔다 오면 개별 사진을 다 정리해서 각각으로 앨범을 만들어 주는데, 고맙다고 전화 한 통 하시는 분이 없어요? 근데 이게 사진 고르는데, 보통 시간이 걸리는 게 아니거든요!"라고 하셨다. 연세 드신 어른이 모니터로 사진을 보면서 고른다는 게 쉽지 않았으리라. 지나가는 말씀이었지만 조금은 서운하셨던 모양이다.

스님, 지금 와서 말이지만, '저는 당시 스님이 어려워서 어떻게 할 수가 없었었답니다'.

원장스님이 되신 후 내가 먼저 사진이 들어간 책을 만들어 드리고 싶다고 했다. 스님께서는 한사코 마다하셨지만 내가 조르고 우겨서 책을 만들게 되었다. '스님, 이제 저도 앨범 만들어 드렸으니 빚은 갚은 셈입니다!'

살다 보니 어느덧 나도 나이가 들어 여러 어른 스님들을 뵈올 일이 종종 생기곤 한다. 그러나 총장 때의 원장스님처럼 부드럽고 친근하며 자상하고 따뜻한 분은 없는 것 같다. 구수하게 말씀하시며, 푸근한 미소에 천진보살이 따로 없다. 더 흥미로운 것은 이런 소탈하신 어른이 안으로는 보살의 원력으로 단단히 중무장하고 있다는 점이다.

원력이 있는 사람은 아름답다. 원력을 가진 분에게는 바람을 거스르는 향기가 있기 때문이다.

나는 진정 강한 사람만이 스스로를 낮추고 아랫사람에게 무한하게 따뜻할 수 있다고 생각한다. 높은 지위에서 권위를 보이는 것은 쉽다. 그러나 스님은 총무원장이 되신 뒤에도 소탈하기 그지없다. 그러면서도 백만원력의 대작불사를 추진하시는 것을 보면 '존중의 리더십이란 이런 것이구나' 하는 감탄이 인다.

스님이야말로 언제나 화합승을 강조하신, 부처님께서 한국불교에 보낸 참 보살이 아닌가 싶다.

잠깐의 세월이나마 스님을 모시고 함께할 수 있어서 행복했습니다. 그리고 걸음걸음의 연꽃 자취로 언제나 한국불교를 위해 헌신해 주셔서 감사할 따름입니다.

중앙승가대학교의 아소카 석주 아래에서
지난 일을 회상하며, 후학 자현 적음

2022년 8월 19일 초판 1쇄 발행
2022년 8월 30일 초판 2쇄 발행

지은이 벽산 원행 • 정리자 자현
발행인 박상근(至弘) • 편집인 류지호 • 상무이사 김상기 • 편집이사 양동민
책임편집 김재호 • 편집 이상근, 양민호, 김소영, 권순범 • 디자인 쿠담디자인
제작 김명환 • 마케팅 김대현, 정승채, 이선호 • 관리 윤정안
펴낸 곳 불광출판사 (03150) 서울시 종로구 우정국로 45-13, 3층
대표전화 02) 420-3200 편집부 02) 420-3300 팩시밀리 02) 420-3400
출판등록 제300-2009-130호(1979. 10. 10.)

ISBN 979-11-92476-41-4 (03220)

값 20,000원

잘못된 책은 구입하신 서점에서 바꾸어 드립니다.
독자의 의견을 기다립니다. www.bulkwang.co.kr
불광출판사는 (주)불광미디어의 단행본 브랜드입니다.